U0299247

乡村振兴的思考与实践

张培奋 著

清华大学出版社

北京

图书在版编目（CIP）数据

乡村振兴的思考与实践 / 张培奋著 . —北京：清华大学出版社，2023.8
ISBN 978-7-302-64663-1

Ⅰ．①乡…　Ⅱ．①张…　Ⅲ．①农村—社会主义建设—研究—中国　Ⅳ．① F320.3

中国国家版本馆 CIP 数据核字（2023）第 174349 号

责任编辑：孙元元
装帧设计：任关强
责任校对：薄军霞
责任印制：杨　艳

出版发行：清华大学出版社
　　　网　　址：http://www.tup.com.cn, http://www.wqbook.com
　　　地　　址：北京清华大学学研大厦 A 座　　　邮　　编：100084
　　　社 总 机：010-83470000　　　　　　　　邮　　购：010-62786544
　　　投稿与读者服务：010-62776969, c-service@tup.tsinghua.edu.cn
　　　质量反馈：010-62772015, zhiliang@tup.tsinghua.edu.cn
印 装 者：三河市春园印刷有限公司
经　　销：全国新华书店
开　　本：140mm×210mm　　印　　张：9.25　　字　　数：220 千字
版　　次：2023 年 8 月第 1 版　　　　　　印　　次：2023 年 8 月第 1 次印刷
定　　价：79.00 元

产品编号：102246-01

作者一家人合影

作者在赤岸村敬老节上讲话

赤岸的稻谷黄了

赤岸王氏新建宗祠庆典

盖洋乡隆园厝

秀峰张氏宗祠

赤岸全景

盖洋乡稻田

盖洋乡土文化展览馆开馆仪式

新安巷一角

南岩廊桥

曹德旺考察天台山

赤水村溪谷

赤水装窑

方广岩夜景

"佛光"和城寨

"佛光"

夏地 1

夏地 2

东洋老家

隔头寨

紫山村古井

盘富村

小白杜

溪洋梅景

生态李干

嘉禄庄

嘉禄庄天井旺柱

嘉禄庄屋顶

鱼鳞片风火墙

木雕的传说

李乾朗、黄永松、黄汉民三位大师考察嘉禄庄

白云村

白云全景

姬岩寺

黄修朗陪同"三农"问题专家温铁军考察竹头寨

中国文史馆研究员安家瑶等专家考察谷贻堂

昇平庄婚礼

中埔寨

在竹头寨上望狮子岩

嵩口镇赤水张圣君拉尿沟

寒光阁

嵩口古镇中心的张元幹雕像

中国台湾香客信士来访张圣君母殿

新加坡舞狮队在张圣君祖殿前表演

张圣君斩蛇之蛇头，位于赤水村

张元幹故居

用生命唤醒生命的古村保护之路

古村落保护是一项有情的善业。中华民族为我们留下古村遗产，不是单纯的建筑物，而是沉睡的生命。沉睡的生命需要生命来唤醒。多年来，我看到的所有成功的古村活化保护的故事，无一不是用生命唤醒生命的故事。永泰县政协副主席、村保办（古村落古庄寨保护与开发领导小组办公室）主任张培奋，多年来从事嵩口古镇、永泰庄寨古村保护的感人故事，也是如此。

唤醒沉睡的古村，最需要的是生命中释放出的真情能量。就像唤醒病中沉睡的母亲一样，发自真情的呼唤是任何医学都不能替代的。生于斯长于斯的张培奋，十多年来奔走在古村保护的路上，之所以被人看不懂却仍然不计代价地忘我工作，就是因为这些古村寨在他的心目中，就像病重中呻吟的母亲一样令他揪心，他是用他的一片赤子的真情来做古村落的活化保护。为什么张培奋对古村保护如此痴情，长年累月地背着相机早出晚归，牺牲休息时间走村串户地工作，做了许多常人不可理解的事？其原动力就是他对古村的那种真情。人世间只有真情的力量是无条件的，这种力量一旦启动，便是活水源头，成为无法阻挡而持续的动力。

用生命唤醒生命，需要一种特殊的媒介和语言，这就是文化。为什么永泰庄寨能够在短时间内实现了成片的活化保护？其中的秘密，就是张培奋找到了与古村对话的语言——古寨文化。用张培奋的话讲，永泰走的是一条用文化让古镇、庄寨涅槃重生的路。

张培奋"以古老的文化拯救落后的经济"的思路，用九年时光，推动一座千年嵩口古镇崛起；以三载春秋，让寂寂无名的永泰庄寨声名鹊起，涅槃重生。一庄一故事，一寨一传奇，每个庄寨都是一本厚厚的书。张培奋带领团队，摸清了全县21个乡镇的庄寨分布、保存状况，即使是废墟，也要查清底细。他用两年多时间，足迹遍布全县255个行政村，六七百个自然村，拍下乡村、庄寨图片6万多张，与同事一起采写推文1500多篇。有人说，张培奋痴迷文化，痴迷到"病"的地步。其实张培奋是陶醉于与古村生命对话的乐趣中。他认为，如果单纯以旅游思路做古村开发，可能只有10%的村具备这样的条件，那么剩下90%的古村就成为无用村庄了。但如果用文化思维做古村的活化保护，那就是100%的古村都有价值。我非常同意张培奋的观点。这也是我一直坚持的看法——乡村振兴的大逻辑，不是产业先行，而是文化先行。文化是乡村的魂；乡村振兴，特别是古村保护开发，必须从复活乡村文化开始。没有文化唤醒的古村保护，就是单纯古建筑的保护。许多地方的古村保护开发不能成功的原因，也在于此。

用生命唤醒生命，不仅是古村本身活化保护的必由之路，也是动员村民参与到古村保护中的必由之路。如何动员村民参与到古村活化保护中，是目前乡村振兴、古村保护的一个难题。其实凡是大家都认为是难的事，不是事情本身难，而是我们没有找到做事的道；道对了，难事就会变成易事。永泰的古村保护做得如此红火，不是一个张培奋在行动，而是从县委、县政府到各类机构都在参加，从本地居民到原居民的一群人都在行动。是什么力量形成如此大的动力，其秘密仍然是生命。正是张培奋源自生命的真情与古村感通，不仅感动了当地村民、各种外来的组织机构，也影响了政府。由此，永泰的古村保护在生命与生命相互感染、感动、感应中生发一种原生动力，变成了全县上下一致、由内而外的一种合力。有了这种合力，本来没有钱可以筹到钱，没有办法可以找到办法，没有人可以感召人来，真正实现了"原住民"不离场、"新来村民"竞相入场的局面。由此就有了永泰古村保护的许多创新，包括庄寨理事会、村民捐款做保护、安村民、爱乡宝等。

　　我一直认为，乡村振兴、古村保护，没有统一标准。乡村就像大树上的树叶一样，没有两片是相同的，但所有的这些大树有一点是相同的——它们都是生命之树。所有古村都是有生命的，用生命唤醒生命，也是所有古村活化保护的共同之路。我认为《乡村振兴的思考与实践》这本书，不是什么高级理论，也不是什么古村保护手册。虽然也包含了上述内容，但其中最有价值的就是：张培奋以他个人的经历，讲述了如何以生命唤醒生命的古村保护故事。所以，只有从生命这个角度读这本书，才能体验其中的三昧。如果说你读完这本书之后生发出"张培奋行，我也能行"的感慨，那就意味着你的生命也被唤醒了。

中共中央党校（国家行政学院）

社会与生态文明部教授

博士生导师

2022 年 11 月 16 日

守护本土文化，扎根乡建前线

第一次与张培奋同志接触，是 2015 年 10 月应他们的邀请去永泰考察当时尚不知名的庄寨。那次考察有两个意外，一是想不到福建除了以前考察过的土楼、土堡之外，还有一种居住与防御功能并重且建筑组合丰富、构筑精美的庄寨；二是想不到有这样一位热衷于传统建筑遗产保护与家乡发展的基层领导干部。

几年后再去永泰，永泰的庄寨在张培奋的领导、组织与亲力亲为的指导下已经声名鹊起，获得了不少奖励与头衔，广受外界赞誉；张培奋也成为传统村落及建筑遗产保护方面颇有影响与知名度、兼具专业与领导力的人物。

今见他的《乡村振兴的思考与实践》一书，快速阅完，深感这是本有关传统建筑文化遗产保护活化及当前乡村振兴方面难得一见的有理念、有实践、有情感的好书。书中有他推动嵩口古镇的振兴、主持永泰庄寨保护活化的所作、所为、所思、所想，篇篇短文朴实无华，有内容、有思想、有办法。读其文、思其人，充分感佩他的情怀、追求与智慧：这种情怀体现在他深爱故乡，深深守护着本土文化，深深扎根于乡村第一线；这种追求表现在他出于真实理想与坚定理念的真抓实干；这种智慧更展现于多方面——充分调动了群众参与文化遗产保护工作，善于借助外界专家学者仁人志士之智力，主动抓住机遇争取各种政策的支持，积极利用一切媒体手段为我所用等。

　　这是一本可读性强、可学习借鉴、可启迪思维的鲜活教材。当前的建筑文化、遗产保护活化领域迫切需要这种深入一线，来自实践的"活"的经验；当前各地的乡村振兴实践更需要这样一些深爱农村、懂得农村，敢于作为、善于作为的领军人物。

中国民居建筑大师，

云南建筑教育的先驱和开拓者之一

朱良文

2022 年 11 月 16 日

"奋培到村"，我们有缘

　　与张培奋先生的缘分始于十三年前。2009年，福建师范大学闽台区域研究中心接到福建省文物局的项目——"福建历史文化名镇（乡、村）专题考古调查研究"，这些名村名镇里就有永泰县嵩口镇。那时张培奋先生任嵩口镇党委书记。我们到嵩口镇开展调研时，承蒙张培奋先生热情接待，并为我们的调研工作提供了诸多的帮助。他还抽空身背照相机翻山越岭、风餐露宿，协同我们考察遗址文物，收集民间文献……我们结下深厚的情谊。在他精心的指导与无私的帮助下，我们完成了《嵩口镇田野调查报告》，并获得福建省文物局的高度评价。回想当年，嵩口镇才刚刚获得中国历史文化名镇的称号，乡村文化的建设和振兴也才刚刚起步。到如今，嵩口镇已成为全国知名的乡村振兴的示范点和乡村文化旅游的网红地。十余年弹指一挥间，而这一切，都离不开张培奋先生孜孜以求、长期耕耘在乡村工作第一线的辛勤付出。

　　如今，十三年已过去，我们再次与张培奋先生结缘。他从乡镇党委书记调动到永泰县政协副主席和村保办主任的岗位上。在乡村文化保护和乡村振兴的道路上大显身手，取得了一个又一个的骄人成绩之后，他的成功赢得了业内诸多权威专家的高度认可。机缘巧合，张培奋先生的爱女考上了时任福建师范大学闽台区域研究中心主任袁勇麟教授的研究生，于是福建师范大学闽台区域研究中心又与张培奋先生结下不解之缘。2022年3月，张培奋先生正式受聘为福建师范大学闽台区域研究中心兼职研究员，并为中心的学术发展和科研工作做出了非凡的贡献。

当前，全国各地乡村振兴与乡村文化建设方兴未艾，张培奋先生以其丰富的经验、独到的视角和创新的观点受到各界瞩目。作为张培奋先生开展学术研究和田野实践相融合的科研平台，福建师范大学闽台区域研究中心有责任也有义务，将张培奋先生在乡村振兴与乡村文化保护和发展之探索道路上的宝贵经验和优秀成就推向学界，推向社会，让国内更多地方、更多人了解张培奋先生在福建永泰等地从事乡村文化振兴工作的经历。他做出的有益探索和出色成绩，让乡村文化振兴这朵含苞待放的美丽之花开得更加绚烂娇艳。

"奋培到村"，我们有缘。乡村振兴，我们有缘。

原教育部人文社会重点研究基地

福建师范大学闽台区域研究中心

主任、教授、博士生导师

谢必震

2022 年 11 月 19 日

 自 序

我为什么要回到乡村?

一

我小时候家庭很穷。

吃不饱穿不暖,是常有的事。当今提倡晚餐吃得少,我们早在五十几年前就已经做到了。老爸说:"晚上又没有干活,干吗要吃饱?"在雨天,无论天气多冷,都要赤脚走路,有时脚板开裂得血流不止。1975 年,我十一虚岁,又矮又瘦,坐在班级第一排。那年,因兄弟多,爸妈借钱借粮,筹建新房。我就随妈妈到十几公里外把木头扛回家,一天走三趟。第二年,我们建造一厅四房一厨的土木房,夯土只请一个斛头师傅,爸爸削土子,大哥站斛尾,二哥挑土,姐姐和我扒土——我扒了半座房子的土。那时,我无比渴望吃得饱、穿得暖,能休息半天睡个好觉。

那时候,虽然很穷,但很快乐。

夜晚,往返走路均需一个多小时,到临乡去看《奇袭》黑白电影,照明的火把从山脚连到山顶,蔚为壮观;在田间地头评论电影,可以津津乐道一整年。我们可以漫山遍野地跑,可以玩各种游戏。最刺激的是开"车",车是自制的,由一个把子、一块木板、三个轮子组成。车从坡顶往下滑,速度越来越快,来不及转弯时,连车带人就会飞出老远,我们经常摔得鼻青脸肿。大人在旁边哈哈大笑,并没有过多地干预。我们还跟着大人去念夜校,笑声不断,吆喝不断,

似乎把小小的房间都撑破了。大队与大队之间的篮球比赛，生产队与生产队之间的拔河比赛，也给人们带来了无限乐趣。如今游戏五花八门，但比不上我们那时的让人兴奋快乐。

那时候，虽然很快乐，但很守规矩。来客人了，即使我们饥肠辘辘，也不能上桌，连厨房都不能待；待客人离桌了，爸妈吱声了，我们才百米冲刺般一哄而上。仅吃饭一项，规矩就很多：不能掉饭粒，不能夹远菜，不能大声吃，等等。节日特别多，每一次都要先祭拜鬼神，感恩祖先。偶尔改善生活，如煮米粉、煮鼎边糊等，妈妈都要我们分给邻居一家一碗；邻居也这样分给我们吃。秋天修路，大家争先恐后齐上场；一家做事，邻居不约而同来帮忙。即使昨天吵得面红耳赤，今天也配合抓猪搭架搬桌子……人们对幸福生活的理解是传宗接代、光宗耀祖。

如今，许多农村年轻人不理规矩，没有敬畏；终极价值观念淡化了，也像城市人那样不想结婚、生孩子了。政府把水泥路修到了家门口，还配上垃圾箱，不需要年年修路了；但是连打扫垃圾也要政府出钱，甚至垃圾箱倒了，也没人扶起来。

我喜欢以前的农村，希望唤回原来那种充满人情味、烟火气的农村。正如张孝德老师所言："农村承载的是千年或百年的村庄历史记忆，承载的是我们从哪里来、到哪里去的答案，承载的是我们共同的乡愁记忆，承载的是我们共同的精神家园和信仰之源。"

二

我这人喜欢剑走偏锋、独辟蹊径，因此多摔跟斗，也因此常创新路。

一年级，我只念了半年，不懂得如何拼音；直到初一念英语时，才懂得个大概。所以，我读音不准，经常被人笑话，被戏谑是"永普"——永泰的普通话。

1983 年，报考大学志愿，我心想越远越好，第一志愿报考吉林大学，第二志愿报黑龙江商学院，结果全落选了。虽然高考总分多出分数线 38 分，最终也只得去泉州师专念历史专业。念师专也不安分。1986 年年初，我申请到新疆支教，学校已准备欢送晚会；后来一问才知道，我是福州市委托代培的，要送回福州——结果只好作罢。

毕业后，分配到长庆中学，全校初一初二 18 个班的历史都是我教，从第一班上到第九班，再到后面两班。教材内容基本上记得滚瓜烂熟了，就不带书，吩咐学生翻到第几页看第几行，准确无误。于是，我有了一个"不带书的老师"的称号。我带领学生行走十几公里探险，莲花山登顶，大渭口钻洞。

1988 年，我调到同安中学。第一学年，照例还是教历史。第二学年过了一个月，校长戴云飞要我接手初三毕业班的语文——校长敢于冒险，而我也胆大妄为地"走马上任"。意想不到，第二年，全县中考平均分第一名、个人分第一第三第五名都在我班——要知道，我们的生源是被大洋中学"抢"剩的。那时曾轰动一时。这样长庆两年、同安四年，当了六年老师后，因为常有"豆腐块"见诸报端，我去当了六年秘书：教育局两年，县政府办四年。之后，又回到同安镇任副镇长。

在同安，我分管村建，包三洋片。三捷村是三洋片六个村之一，那里有座仁和庄。仁和庄如今是国保（全称为"全国重点文物保护单位"），但在那时只是一般民居，干部群众均无文物概念。群众申请在仁和庄旁边建新房，我觉得会影响整体格局，坚决顶着不批……如今看来，确有先见之明。我们帮当地乡亲修路、建学校、建村部，忙得不可开交，做成很多实事。当时，学校村部基本没补助，公路每公里补助也仅仅两万元。我们拜工厂、访商店，讲好话、陪喝酒，把缺口的资金一一补上。后来，三洋人民建了一个纪念门楼，我的名字赫然在列。

从此之后，喝酒拉捐款的事没有少干。2007年，从山西到上海，为筹建嵩口镇的圣君公园，我们募集了105万元，这个纪录在当地至今尚未打破。2011年正月，我召集了两桌人，募集了15万元，就凭这区区小钱起步，建成了雄伟壮观的月洲村张圣君祖殿。之后，组建嵩口慈善协会，编撰秀峰张氏族谱，改建仙妈殿，举办纪念张元幹活动等，都成功地广泛发动，募集善款。回顾这厚脸皮伸手要钱的过程，我认识到两个道理，一是精诚所至，金石为开；二是财力有限，民力无穷。

三

算命先生说我命中缺金，要和属鸡属猴的人合作——我老婆、女儿都属鸡，我们朝夕相处，天天合作。这种说法当然不可信，但老婆、女儿对我帮助确实非常大。

2002年，福州市推出公开竞选乡镇领导政策，永泰县富泉乡也在列。在报名截止最后一天，我抱着试试看的心态，也想去报党委书记、人大主席、乡长其中一个职位。问老婆要报哪个，老婆斩钉截铁地说："要报就报书记！"之后的"两推一考"（群众推荐、领导推荐、笔试面试）过程中，我获得全市笔试第一名，再通过面试，把竞争对手远远甩到后面。这个空前可能也算绝后的政策，把我推到了党委书记重要的位置上。在富泉乡，我推出了"富泉羊"的品牌；借用市委挂钩领导的一句话，"福州有三只羊，福清的高山羊，罗源的碧里羊，永泰的富泉羊，三阳开泰，富泉羊是领头羊"，让富泉羊远近闻名，至今受用。

2006 年 11 月，我调任嵩口镇党委书记。最怕去嵩口，偏偏去嵩口。别看如今，县城到嵩口只是半小时的路程；但那时需绕闽清辗转，得花两个多小时。镇政府负债累累，该卖的基本已经卖光了。嵩口发展农业没有前途，发展工业没有条件。怎么办？我提出了"以古老的文化来拯救落后经济"的思路，来做文化。说不清是不出所料还是歪打正着，这条道路竟越走越宽，越走越好。当下嵩口古镇名扬天下，可以说是缘起文化思路。2007 年，嵩口获评省级历史文化名镇；2008 年，嵩口获评中国历史文化名镇。2007 年，我向县委请求要报中国历史文化名镇，获得批准后，即组织写作班子，大年二十九跨年夜仍夜以继日地加班加点。正月上班后，我们如期把申报材料送到住建部。嵩口镇脱颖而出，得偿所愿。我接过 37 斤重的铜铸牌子时，感到荣誉是沉甸甸的，责任也是沉甸甸的。

申报成功得益于黄汉民大师最多，他亲自拍照，手把手地教我们制作文本。我从此认识到拍照的重要性，就于 2009 年买了佳能 40D。一部佳能 40D 四千多元，当时我老婆心疼得要命，我们闹得很不愉快。没想到，老婆和我一样很快地也迷上了摄影，成为我的摄影伴侣。拍风光照，日出是最佳时刻，夏天要四点起床，才不会错过时机。我们拍完照回到家，洗了澡，处理好照片，发到网上，再去上班，还绰绰有余。如果没有老婆的陪伴，我就没有起早贪黑的干劲。老婆不仅仅是陪伴，也俨然成了我的随身御用摄影师，我的工作照片几乎都是我老婆抓拍的。我们俩拍照风格迥异，互为补充——我女儿说："老爸拍的是工作照片，老妈拍的才有点艺术感。"

杜晓帆老师对我帮助非常大，他教导我不要自以为是，要以"90后""00后"的眼光来看待问题，对不对，要问女儿。"90后""00后"是消费主流，掌握了消费主流的心态，才能让运营对路。所以，我经常不耻下问、不厌其烦地向女儿请教，和女儿讨论，让自己努力保持年轻的心态、现代的视野、灵活的思维。有人戏谑我喜欢带自己老婆和别人老婆游山玩水，别人老婆即指我女儿。

四

2015年4月，我卸任嵩口镇党委书记，那时，镇财盈余了两三千万元。去县政协上班后，我顿时清闲了。县政府调研员叶俊忠找到我联合拍照，我拍地上的，他拍天上的，最初的想法是出一本古民居画册。没想到，壮观的庄寨引起了领导高度重视。如果说嵩口古镇是黄汉民大师拍出来的，那么永泰庄寨便是我们拍出来的。9月，时任县委书记林强决定成立村保办，由我担任主任，我又迅速进入了繁忙的工作状态。当年下半年，我几乎整天都在寻找庄寨和传统村落，白天走村串户，翻山越岭，拍照访谈；晚上整理照片，撰写刊发文章，还要和网友互动，一天工作十几个小时。有时，文章一天不只发一篇，我们就注册了"走遍永泰""永泰庄寨"两个公众号。我写文章有个特点，要在当天写当天发，一旦拖到第二天，就没了激情和思路；且只能写短文，文章一长，就虎头蛇尾，草草收尾。所以文章的确是很快很多，但也很粗糙很低劣。

我发现永泰的宝贝非常多，保护的难度非常大，腐败蔓延速度非常快……我们要和时间赛跑。怎么办？一方面向上争取列入文保单位或传统村落，另一方面要发动群众，统一思想，捐款捐物，尽快行动。于是，我们创建了"村保办＋理事会"的永泰样本。组建理事会不是容易的事，要召集人马，宣传政策，协商酝酿；要争吵，妥协。总而言之，要做过细的工作。2016年至2018年，从正月初二开始一直到十五，我都在村里跑。每天参加一两场的会议，苦口婆心地告诉大家，先辈留下来的来之不易弥足珍贵的东西，不要毁在我们这一代人身上。否则，就上对不起祖宗，下对不起子孙。曾有记者问我，最大的收获是什么？我回答是群众思想的改变，从拆寨为荣变成护寨为荣。这一点，我们做得很成功。

在村保办工作几年，是我结识高人最多、视野拓展最广、工作成效最大的几年。张义生会长诸多引荐，让我这个"土八路"攀上多位国家级的"大专家"的高枝。对于古建知识，我原本一窍不通；李建军教授悉心传授，让我略知一二，足以在一般场合卖弄卖弄了。还有在其他文章中提及的其他专家，在此就不一一列举了。这几年，在县委县政府领导下，理解支持我的人很多，尤其是村保办一班人做了很多有目共睹的卓有成效的事情，却受了很多委屈，我心里充满了感激和愧疚，敬请原谅我只懂得埋头苦干。

郑振满老师是我非常敬佩的，他来永泰研究历史文书，带着国内外的学生来，还带着经费来，带着洋酒来。郑振满教授教我认识了庄寨精神内核的三个层面，知识体系、智慧体系和哲学体系。认识物质本体涉及前两个体系，认识精神内核则涉及三个体系。"父子三庄寨"能够走向世界，凭的不是物质本体，而是其历史文书所揭示的古代山林管理和金融制度的生态文明建设实质。郑振满老师目前研究的只是冰山一角，历史文书的博大精深等待着更多人去关注、去探究。我觉得，讲好一个好故事，比修一座庄寨或一座博物馆更重要，讲故事可以向世界传递中国生生不息的乡土文化，好故事可以让外国人听得进，看了信，能共鸣，感受中国文化的人情味、烟火气和厚重感。

这几年，我们让原本寂寂无名的永泰庄寨声名鹊起——永泰庄寨建筑群被列为国保，爱荆庄获评亚太文化遗产保护奖的优秀奖，"父子三庄寨"被列为世界建筑文物观察名录。我们还申报成功33个中国传统村落，获得直接补助资金超过1亿元。文化遗产保护与乡村振兴融合的"永泰样本"被广泛关注和高度评价。2022 年 4 月，经过四天四夜的加班加点，我们完成了中国传统村落集中连片保护利用示范县的材料，评为全国示范县，获取补助 4500 万元。我就提出让年轻人担任组长——我希望他们比我更善于发动群众，更懂得敬畏文化，更努力地工作，让成效更明显。

各级媒体给了我很高的评价，许多民间组织给了我很高的荣誉；我却觉得自己有点名不副实。尤其是首届世界乡村复兴论坛评出全国三个"中国古村守护人"中，我名列首位，让我受宠若惊，十分意外。其实，这些都给我很大的压力，我只好把这些压力尽可能地化为动力。

五

2017 年，我组建了永泰县乡村复兴基金会。2018 年年初，我引进了"三农问题"专家温铁军老师；年底，我又引进了孙君老师。12 月 29 日，在"中国乡村复兴论坛·永泰庄寨峰会"月洲会场上，温铁军、孙君、李建军"三军"汇聚永泰，此景此情，令人激动不已。温铁军老师是个大人物，我能和他多次促膝谈心，深感荣幸。在"三军"的引领感染下，我也踏进了乡村振兴大战场。在本县帮助盘富、赤岸、白云等村，还到外县指导。与乡村合作，我持有三个原则：要接受我的理念，承认我的工作水平；要积极呼应，不要让我"热脸贴冷屁股"；我只做指导、不包办，乡村振兴的主体一定是乡村干部和群众。心情愉快必须放在第一位。有的项目，我戛然而止，半途而废，主要还是理念冲突厉害，不得不忍痛放弃。

我和邓飞共同组建了乡村振兴综合服务队伍，该队伍自由组合、来去自由，策划、规划、设计、施工、机构搭建、人员培训、宣传报道、经营管理，一应俱全。我提出了"谁设计、谁建设、谁经营、谁付息一体化"的理念，组成"f（投融资）＋epc（工程总承包模式）＋o（运营）"模式，要求所有的环节都要为经营量身定做，设计建设者要负责培育市场和培训当地运营人才——这减少了很多沟通成本，减少了资金和时间的浪费。在这些环节中，发动群众和传承文化至关重要，但是很多人视而不见，想省略想跨越——他们不是为农民而兴，而是为上级领导而兴；也没有耐心做这些需要久久为功的事情。所以，我认为急功近利是乡村振兴的最大敌人。对一些人借"美丽"和"振兴"之名，有领导、有组织、花大钱破坏农村的自然肌理，破坏农村的善治系统的行为，我深恶痛绝。

有一次，我和一个领导发生了分歧，他说："仓廪实而知礼节，文化不是产业，不能当饭吃。"我当场很激动地反驳，美国仓廪很实，为什么经常发生枪击？《长津湖》票房收入几十亿元，算不算产业？几十亿元可不可以买饭吃？……我举了很多例子，其中提到张圣君，张圣君是闽台最大农业神，2024 年是他千年诞辰；张圣君信俗存在了一千年，相信一千年之后，张圣君信俗还在，而一些人心目中的所谓产业却可能早已灰飞烟灭了。不讲真话，得罪自己的良心；讲真话，肯定会得罪一些人。

乡村振兴这个课题太大了，几天几夜都讲不完。我为了进一步探索，必须又赚钱又能做点事，就与高校联合，担任多所高校的兼职教授或客座教授：参与指导福州大学学生关于永泰庄寨的课题研究，荣获了"建行杯"国际银奖和"挑战杯"特等奖；想方设法把高校的资源引入乡村。

2020 年 6 月，我注册了抖音号；2021 年，注册了视频号；之后，还注册了小红书、B 站——名称都是"奋培到村"。为什么叫"奋培到村"？我叫张培奋，"培奋"是培养人们从事乡建的兴奋；"奋培"谐声奉陪，"奋培到村"意即对爱乡村的人奉陪到底。短视频自拍自剪，每天都坚持发，最少一条，最多五条，宣传永泰的乡村资源，宣传自己的乡建理念，收到了很好的效果。我经常发动乡村干部和乡村建设者，要懂得运用、善于运用、经常运用移动媒体。既不花钱，又能收到很好的宣传效果，何乐而不为？

乡村振兴错综复杂，很有挑战性，我已经深陷其中，不可自拔，也不想"自拔"，"他拔"就更不愿意了。

六

有人问我有没有遗憾？有，还很多，有的甚至还让我相当困惑、相当痛苦。感谢有人向我推荐《了凡四训》一书，读后，我受益匪浅。我要始终保持愉快的心情，保持高涨的热情，去做自己喜欢做的事情。

什么是我最喜欢做的事情？还是要回到文化多元的、让我魂牵梦绕的农村。我们面前有两座新的大山：气候变暖和食物隐患。而健康、自然、简单、宁静、和谐的农村，是最靠谱、最耐守、最安全的。以前，人们望山兴叹；如今，人们对山（产生）兴趣。我要选在路的尽头，水的源头，有一定海拔，与居民区若即若离的自然村，做生态农业。我无力拯救人类，只图为自己和自己最亲近的人提供安全健康的食物，提供宁静幸福的生活环境。如能成功，亦可为乡村振兴提供一个样本，那我就心满意足，以后可以含笑九泉了。

目　录

第二章　庄寨七年

第一章

乡土振兴

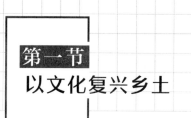

守护文化也要赴汤蹈火

2018 年 4 月 12 日

在这次去屏南之前，我和周芬芳主席虽未曾谋面，但神交已久。我们都是从事传统村落保护与发展工作的；都是福建省传统村落达人、大使。屏南县 7 个村获评中国建筑文化旅游目的地后，永泰庄寨也紧随其后获此殊荣。上个月，新华社记者来福建采访传统村落保护与发展工作，就选中了屏南和永泰两县。

与屏南相比，永泰是后来者。2011 年，屏南县 6 个村获评第一批中国传统村落名录时，我县尚未了解此项目。延至 2014 年，我县才崭露头角，也只有 3 个村获评第三批中国传统村落名录。屏南县非遗洋洋大观，仅国家级就达到 14 个。我县目前称得上国家级非遗的只有"武术之乡"，而风靡全省及东南亚的张圣君信俗文化，也只于近年列入省级非遗。

这次去屏南县考察，我收获满满。主要有三点深刻的体会。

1. 有"病"者事竟成。

爱一行才能干一行，爱到痴迷、疯狂的程度，就是有"病"。而这种"病"竟会成大事、成好事。

周芬芳二十几年如一日，历久弥坚地守护传统文化，使山区小县闻名遐迩。许多人不惧千里之远、交通不便，来屏南安家落户，冲的不只是屏南的自然人文资源，更多的是"发病始终不愈"的周芬芳这个人。

林正碌"发病"不轻。他抛妻别子，来到路远、路弯、路窄、路陡的龙潭村，醉心于公益活动。一天工作十几小时，气跑了三个驾驶员；动辄向乡村干部大发雷霆⋯⋯但龙潭村引来了占全村总人口 40% 的"新移民"，达到了"五个引"的成效：引人称道、引人关注、引人流连、引人驻留、引人入胜。

残障人士作画，八十老妪作画，零基础画画，农民有"画"说，人人都是艺术家——安泰艺术城里"病人"一大窝。人们在那里练的是生活方式，画的是励志精神，传递的是爱的力量。

2. 寻找城市和农村的融合点。

当下，农村人逃离农村，城市人逃离城市。有没有一个农村人和城市人都喜欢的地方？屏南县有好几个村是农村人和城市人都喜欢的融合点。村民提供房屋土地，市民提供理念资金，以修代租，共同生活，共同经营，共同发展。

我又想起自己归纳的三句话：没有文化的支撑是走不远的，没有村民的参与是走不稳的，没有"大咖"的助推是走不快的。人是文化遗产的灵魂，原住民是最亮丽的那道风景线。没有村民的村庄只是冷冰冰的遗址。乡村振兴不是腾空村庄，资本下乡；而是村民留乡，乡贤回乡，青年下乡。

3. 守护文化要赴汤蹈火。

龙潭村的公益艺术教育中心建筑面积 1000 多平方米，它的总造价低得令人咋舌——只有 50 万元，一平方米只有 500 元！龙潭村想方设法节约了 150 万元。

有些所谓正规的设计看起来图纸一摞一摞的，实际上一文不值。而龙潭村的设计不是闭门造车，东拼西凑，而是现场研究，陪伴始终。建材向当地村民购买，工程由当地工匠实施。村民把工程当作自己的家园来打造，不以次充好、偷工减料，不虚抬工价、磨磨蹭蹭。工程又快又好又省钱。

乡村振兴的主体是农民。农民只有参与其中，才能有主人翁的欢愉感，才能有珍惜荣誉的责任感。没有农民的参与，就没有陪伴式的服务，就没有传统工艺的传承，就不会有真正的乡村振兴。

所有的考察人员都认为永泰的地理位置、交通条件、资源禀赋都比屏南好，但是发展不如人家，其实归根结底就是人的问题。所以，我在收获满满的同时，也觉得责任重大。

请别把无知当文化

2018 年 7 月 28 日

最近，我三天两头去白云，在抓峰会项目建设的同时，也抽空了解传统文化。地灵人杰、文化灿烂的白云正逐步撩开神秘的面纱，许多文化表象激发着我宽阔无垠的兴趣，如饥似渴地想探个究竟。

比如石塔。乡镇建石塔，白云独一家。如今石塔身分两半，即将倒塌。而白云人竟然不敢修复，理由是莆田人所建，企图破坏白云风水，还渴望早日倒掉。传说是白云的狮子（三狮）跑到莆田吃马，莆田人遂建个石塔，镇住狮子。从此，白云风水一落千丈。这种说法甚嚣尘上，李建军教授和我都提出质疑。又有人说，莆田没有马，应该是麦；"马""麦"兴化话是谐声，吃麦是有可能的。我们闻之只好苦笑，仅问一句：叱咤风云的白云人肯让莆田人到家门口破风水吗？

又如三峰寺。三峰寺乃唐咸通二年（861）建，明嘉靖三十八年（1559）毁于倭，为我县最早的寺庙之一。近日，有人发现，该寺呈葫芦形，地上瓷片数量之多、种类之丰、品质之高，为全省鲜见。白云人称三峰寺为剪刀寺，神乎其神，说该寺像剪刀一样，白天打开，晚上闭合。我觉得汗颜。这明明是"伽蓝"寺，伽蓝来自梵语，指僧众共住的园林，即寺院。伽蓝白云话与"剪刀"相近，就莫名其妙地变剪刀了。没文化编故事，还能流传很久很广，很深入人心。

想起嵩口个别的导游，把张元幹说成张圣君，把宁远庄说成成厚庄。假设不予纠正，以正视听，任其以讹传讹，亦如白云一般，狮子吃麦、剪刀闭合——笑柄变真理，无知当文化。白云的传说经不住任何推敲，嵩口的误导也只能让人嗤之以鼻。

其实，白云的历史遗存丰富多彩，文化看点精彩绝伦。"黄氏分六房，一房最辉煌。"一房祖屋，着实让人惊愕不已。正厅太师壁两侧本都有门，左侧是生门，常开着，寓意生生不息；右侧是死门，平时关闭，出殡时才开。而此太师壁两侧都没门，棺木从太师壁正中下方抬出。我前所未闻，大长见识。诸如此类，比比皆是。

十几年前，塔山公园改造。当提出改名为联奎公园时，却遭到不少人反对。理由是：人们已经叫习惯了，改了不好记；奎就是鸡（福州话谐声），联奎会让人联想到"吃鸡"。

好记不好记，要区分自己和外人。单从自身角度考虑，阿猫阿狗最好记；但阿猫阿狗太多了，外人却分不出哪只猫哪只狗。你不是要做旅游吗？所以，主要考虑外人是否好记。

塔山公园就如阿猫阿狗，而"联奎"叫法有文化有历史，可以带出南宋时期的"七年出了三状元"这段轰动朝野的科举辉煌史，一个好名字能宣传一段好历史，提升永泰知名度。名字最终改了过来，幸甚！至于"吃鸡"，只是爱吃"鸡"的人才会如此浮想联翩。

前几年，我们讨论永泰一中到青云山的公路命名，最后确定为"青云路"，既指永泰一中到青云山的公路，更期盼一中学生青云直上——一片叫好声！

我们要多取些诸如"联奎""青云路"这样的好名字。

越是在地的，越是时尚的、国际的。白云发展旅游前景广阔，要挖别具一格的文化，不要编不攻自破、贻笑大方的神话。

在联奎公园的山下，新修了很多街道，挂的许多路名，让人大跌眼镜，如"支十八路"等。没文化的人做文化的事，还在不断上演。

宗祠作用大

2019 年 1 月 6 日

孙君说，宗祠是农村的重要标志。夏雨清说，民宿是乡建的入口。

这两者有何联系？可以说，做强宗祠文化，才能做好民宿产业。

在租赁民房时，我们经常遇到一个问题：老年人要从城里回到农村家里善终，并不是今日回村几天就终了，可能还要苟延残喘几年、几十年；民俗活动也无法与祖屋剥离，尤其是丧事。这成为合约签订的最大障碍。如果在附近建一个厅堂，一是违建，二是破坏景观，三是浪费资金，四是难于管理。

最好的办法就是建好宗祠，赋予其更多功能，把公嬷龛、办丧事、闹元宵等民俗活动集中在一起，甚至可以把老年人集中在祠堂供养，以腾出老房子、宅基地，腾笼换鸟，来发展民宿——宗祠的作用可大呢！

前年，我们秀峰张氏修编族谱。修编伊始，即得到热烈响应。宗亲争先恐后地发材料、捐善款。我们全村均为张姓，总人口千余；结果入谱的却有 4286 人。有的迁居新加坡已几代，甚至改随母姓，也要续谱。族谱告竣，善款尚余近 9 万元。

去年 10 月 3 日，我们在秀峰张氏宗祠举行圆谱祭祖仪式，发现宗祠破损不堪，乡民顿时群情激昂，一致同意抢修宗祠。我们没有开会宣传发动，没有发文动员部署，仅于 10 月 8 日建立维修微信群，倡议每人捐献 100 元，除了智障者外，覆盖面达 100%。不出 10 天就募款 100 万元。至今共募集 178 万元。宗祠焕然一新，宗亲交口称赞。

从中，我们可以清楚地感受到乡村振兴的强大力量。

族谱，引领同姓宗亲寻根问祖，是子孙的根系所在；没有族谱，寻根问祖犹缘木求鱼，追根溯源犹无本之木。我们每个人都承载着祖宗的灵魂，血脉里都流淌着祖先的 DNA。DNA 是生命之源，是人类遗传之密码，也是祖宗之魂。而族谱是每个家族文化之 DNA 的传承，也是中华文明的承载。

宗祠，作为一个家族的象征，是我们承前启后、继往开来重要的精神遗产和精神基础。宗祠具有祭祖、正俗、教化、公益等功能。祭拜的含义是崇敬和缅怀，是继承和发扬。敬祖是活着的人对逝去的人的追念，是人类特有的精神依托与精神安慰的传承。如今，宗祠还被赋予娱乐功能、经济功能。比如让民俗与民居分离，完整地交由投资者发展民宿等业态，宗祠就可承接这些民俗活动。

今天欣悉，黎智英被剔出族谱。看来族谱宗祠还有铲除逆子、打击汉奸的功能。

我们经常看到许多乡村规划没有族谱宗祠的内容，不提风俗民情。这种规划是不完整的、不接地气的，是不利于乡村发展的。

我们提出了乡村振兴的十大举措，其中之一是传承乡风文明。让文化的基因重新注入乡村的母体；让有形的物质文化留得住，无形的非物质文化传承下来；让悠久的乡村文化"活化"，并结合现代文明要素和现代需求进行创造性转化、发展。要培养一支乡土文化队伍，指导修祠编谱，编制镇史村志，建设镇村史馆；要发挥宗祠的公共空间作用，定期举办民俗文化活动，挖掘整理风俗民情、风味小吃、传说故事、名人传记、村规民约、族规祖训等；要挖掘整理提升根植乡村的知识体系、智慧体系和哲学体系，为吸引城市年轻人到乡村体验提供良好的素材。同时推动村校合作，筹建中小学研学基地和高校课外实践基地，开展传统文化研学活动，包括开辟乡村研学线路、优化乡村教育资源配置、传承古老乡风文明、延续永泰文脉传奇，这样才能孕育乡村未来的发展。

永泰要主打什么文化？

2021 年 3 月 23 日

"葱饼很香。""李干很好吃。"这是许多游客对永泰的评价。

永泰给人的印象难道只有土特产了吗？

昨天和今天，我带队到德化参观学习。一出高速互通，瓷文化铺天盖地地扑面而来：从入住酒店，到考察社区，瓷文化见缝插针，无孔不入；在一天多的时间里，我们一行人无不浸润在瓷文化的熏陶中。从高速公路离开时，中国瓷都已经深深植入我们脑海。

永泰有很多文化，主打的只能是一种。否则，会让人眼花缭乱，顾此失彼，捡了芝麻丢了西瓜。

有人推耕读文化。这个太泛了，举目四望，哪里没有耕读文化？

有人推温泉文化。讲到温泉，人们马上想到中国台湾、日本；近的，也有闽清、连江以及福州市区。我们资源不差，文化不搭，一条温泉溪本可泡双脚，却被堆满垃圾。

有人推李梅文化。诚然，李梅覆盖之广，知名度之高，是永泰首屈一指的。但是，做了几十年，产业一直难以提升，更何况冠之文化？

有人推张圣君文化。前几天，我到盘谷乡开会。了解到很多的盘谷人是张圣君的契子（"过继"给神明的孩子），我就说："2024年是张圣君的千年华诞，你们干爹一千岁了，到时，就看你们表现了。"无疑，我们很多人是在张圣君的故事中长大的；但是，张圣君作为传说中的神话人物，在本省也屈居于妈祖和陈靖姑之后。

有人推状元文化。记得我牵头建设博物馆时，有的同志提出把我县称作状元之县。后来一查，仅福建省就有三个县的状元比我们多，遑论江浙一带。宋人祝穆《方舆胜览》说："海滨几及洙泗，百里三状元。"前一句里"洙泗"即孔子故乡，这是说福建沿海文风鼎盛，几乎赶得上孔子故里；后一句里"三状元"是指南宋乾道年间福建登第的三个状元，即乾道二年（1166）的萧国梁、乾道五年的郑侨和乾道八年的黄定，他们都是永泰人。七年三状元，轰动当时朝野，至今仍然被人们津津乐道。但这只是一种偶然现象，没有什么传承。

要立足全国，放眼世界，来遴选主打文化。这个文化必须有地方性、差异性、独特性：在本土，是普遍存在的；在外面，又是极其稀缺的。在历史上，曾发挥重大作用的；在现实中，仍持续有效传承的。简而言之，贯穿古今，我有你无。大家知道，我指的是——永泰庄寨。

永泰庄寨可以包含其他文化，如许多庄寨供奉张圣君，萧国梁也在九山书院读过书等。以庄寨文化来串联、融合其他文化。

我建议，永泰主打庄寨文化。我希望，大家踊跃献言献策。

旧影剧院，可以变废为宝的资产

2021 年 9 月 8 日

旧影剧院，曾经承载着一个时代的繁荣，是我们这一代人挥之不去的记忆。

如今，旧影剧院却成了地方官员的一怀愁绪。

用吧？——不敢！年久失修，腐烂坍塌，已是危房，就像一颗定时炸弹，随时都有可能爆炸。有的虽然还可以勉强使用，但基本上是在风雨飘摇中。在偌大空间里，每年演出两三场，使用三五次——犹如大炮打蚊子，实在浪费。

拆吧？——也不敢！旧影剧院是地标性的历史建筑，按照省政府的要求，属于保护的对象，是人民心血和汗水的结晶，是跨越半个世纪一代人的情感寄托，乡愁所在。

修吧？——又没钱。

我见过一个乡镇的党委书记，他正为自己亲手拆掉旧影剧院后悔不迭。因为无法重建，除非剥夺其原有的文化功能，做房地产开发。

永泰县大洋镇也面临这个问题。大洋公社文化宫建于 1956 年，曾经是西山片的象征和骄傲，是广大人民群众投工投劳、投资投物建起来的，凝聚了他们的辛苦、心血、智慧和情感。但是，已经闲置了二十五年，随时都有坍塌的危险。今年年初，陈书记找我，要我帮忙想想办法。几天后，我回复陈书记，办法找到啦！

我提出了"文化多元化，文化市场化"的旧影剧院活化思路，即在保持屋顶和立面历史风貌、在政府不投入或少投入的前提下，将其改造为新的文化活动载体。

过去，影剧院就是演戏、放电影，顶多还有群众大会，文化功能很单一。这些功能照常保留，只是无须占用整个空间，还得提升到现代水平。腾出的空间作为乡村振兴综合服务体，主要有土特产、农副产品展销，线上线下结合；线上设直播间、电商店；植入书吧、酒吧、茶吧、咖啡吧；开设乡村振兴讲坛、青创文创空间。另外，预留建筑博物馆、菜籽博物馆的使用面积。

博物馆由政府发动乡贤捐建，其余的全部对外招商引资，实行市场化运作。

目前，大洋公社文化宫已由众兴社公司实施紧锣密鼓的改造，相信在不久的将来，一个带着旧影剧院躯壳的综合文化服务中心、乡村振兴服务中心将横空出世，成为西山片人民喜欢休闲消费的地方、向往展销研讨的地方，成为网红打卡地。

如果旧影剧院活化成功，人们可以从中得到启发，找到信心，就会想方设法地活化乡村其他闲置资产。

盘活乡村闲置资源，可以助推乡村振兴。我们不妨先从镇区的旧影剧院入手。主要因为旧影剧院都位于镇区中心，有一定的商业价值，最重要的是产权清晰，可以免去不知多少的纠缠和损耗。

当然，我们要花更多时间精力，去活化荒废的村庄和闲置的民房。这个过程更具挑战性，注定艰巨而漫长，这些容我以后再做汇报。

我们实施的旧影剧院改造，不是一般的商场，一定会有文化品位。这种文化一定是当地的传统文化，只有当地的传统文化，才有差异性；只有拥有差异性，才不易复制，才有生命力。让人走进综合体，犹如走进文化殿堂，可以拍照留念，细细品味；可以驻足深思，流连忘返；会有自己独特的logo、宗旨、公众号、抖音号，有相对固定的入口标志和装修风格。

我们实施的旧影剧院改造，不是一两座，也不局限于永泰县；要以永泰为中心，辐射周边各县，形成集群，建成集团。

传统文化是最经久不衰的产业

2021 年 9 月 24 日

上和村，我终于来了，来还债似的，都说了快两个月了。

1. 知比行重要。

为什么叫"上和"？——随行的都无法提供答案。中午分别时，我再三交代，待到写稿时，还是茫然无知。

乡村振兴，"知"比"行"重要。不了解乡村，请少谈振兴，请别做振兴。如果方向错了，越努力，破坏就越严重。

像上和这种村庄，最重要的不是提高农民收入（其实也没有很好的提高途径），而是让空巢老人们活得有尊严。

传统观念的生儿育女，图的是有人尽孝送终。可是如今子孙绕膝、含饴弄孙，已然是一种奢望。儿女许久回一次家，甚至一个礼拜一次的通话，都让老人欣喜若狂，老泪纵横。"孝"是会意字，子女做老人的拐杖。如今，儿女都不在身边，拐杖抽走了，老人只想早点倒下。

在过去忍饥挨饿的年代，农民们还坚强地过日子，他们心中有强烈的愿望，那就是传宗接代、光宗耀祖。如今，农村年轻人也兴不结婚，结婚了也不生孩子。人生的终极价值开始被怀疑。

文化的缺失是目前农村最亟须解决的问题。尽管上和村民风至今十分淳朴。目前在上和，如果发展种植养殖，发展旅游研学，预估只有一个结局：血本无归。

目前，我们要把农村建成农民可以回得去的家园，而不是像城市一样的花园。我们要弄清楚什么是产业：在 2035 年以前，生活就是产业，回得去农村就是产业，良田不荒芜、民房有炊烟就是产业。

2. 保护好传统文化。

有的领导心存焦虑，手中有产业的专项资金，却不知如何花掉。

在不知如何花钱时，就做传统文化，至少不会错。这个传统文化就是祖业——祖上给我们留下的产业，包括宗祠、寺庙、古厝、稻田、祖训、族谱，等等。保护祖业不会立竿见影，但是，有朝一日，也许会成为最好的产业。

产业兴旺放在第一位，不是特立独行，也不是引领前行。它和完善基础设施、丰富文化内涵两个方面不是并列关系，而是交叉的关系、系统性的关系。

最近，我经常寻访荒废的村庄。其中有个村，民房七倒八歪，农田变成森林了，村民也已经搬离二三十年了。但宗祠还在，寺庙还在，每逢七月半和元宵节，村民家家户户都要回村参加活动。

再过三年，就是闽台最大农业神张圣君的千年华诞。张圣君的民俗信仰已经存续快一千年了，再过一千年，张圣君的民俗信仰应该还在。而一些人眼中的所谓产业不出几年，就会灰飞烟灭。

张孝德说过："文化是最有成长性的产业。"我得出一个结论：传统文化是最经久不衰的产业。

我们假设一个村，人人讲卫生，人人有礼貌，人人做奉献，即使资源差些，但也魅力四射，参观者定会趋之若鹜。民风也是很好的产业。

上和村是地灵人杰的地方，很多方面是全县的佼佼者。有教育基金会，28 个博士。发展文化产业拥有得天独厚的条件。

还有前面提到的空巢老人，建设新时代文明实践基地，也是不错的产业。

3. 机会留给有准备的人。

相比上和村，我的老家秀峰村条件更差，天明书记交代的佳洋村也不会好到哪里去。但秀峰村和佳洋村也要乡村振兴。

怎么办？

我最近在探索一种模式：青创＋新时代文明实践基地＋新媒体。把想拥有独立空间、要实现人生价值的年轻人，和需要关怀的空巢老人、留守儿童，有机地联系在一起，以最优惠的政策，吸引年轻人入驻，用新媒体助力。

有人认为这是异想天开——但是异想之后，也许天就真的开了。

上和的仙宝厝是很有价值的古厝，价值体现在保存完整，交通便利，后人也都知书达理。就选仙宝厝吧，做青创、文创和民宿。

不求多少利润，只求带来人气。这"气"，是青年人回乡的创业志气，是范氏宗亲团结的奋斗志气，是驱散乡村沉沉死气的勇气。

要点一把火，无论能燃烧多久。

乡村振兴是党中央的英明决策，随着时间的推移，倾斜到农村的政策项目资金，一定会越来越多，越来越实。闽清连嵩口的高速，"十四五"期间应该会动建，与霞拔实现互通，天堑变通途，指日可待。霞拔海拔600多米，适合避暑养生。霞拔不是下拔，霞拔将红霞满天。

我和乡村干部探讨，目前应该突出做两件事，一是上面说的保护文化，二是整合资源。没有整合的资源无法对接资本，无法对接资本的资源不算是资源。一座闲置的民房有100个关系户，只要有一户不同意，就无法流转。做群众工作要有耐心，要有久久为功的耐力。

流转形式可以灵活多样。房子很大，可以"一户两门"，一部分给自己使用，剩余的流转给合作社；可以"一年两用"，天热时，流转，其余时间不流转——只要及早谋划，到时就可以无缝对接。

"上和"两字，无论是"上"还是"和"，都寓意良好，我们要确定一种说法，让她永远流传。

讲好一个故事比做一个硬件更有实际意义

2022 年 7 月 5 日

第一天，导游 84 岁；第二天，导游 92 岁。如此奇遇，唯有元坑。

7 月 3 日、4 日，我应邀到中国历史文化名镇顺昌县元坑镇学习考察。其间，我与县委赵书记交谈。在县领导黄副主任、李副县长、王副主席等陪同下，我和北京大学唐老师一行，先后考察了元坑镇区、谟武村，并和县乡干部分享了乡村振兴心得。

我的元坑之行，虽来去匆匆，却收获满满。

我们欣赏了自然古朴的历史街区，领略了独特丰富的谟武文化，学习了县乡干部的奋斗精神，感受了闽北人民的热情好客。

最让我感动不已、印象深刻的，是两位耄耋老人。

余钟纯，84 岁，福建省最美文物守护人。他带我们走街串巷，旁征博引，谈古论今。他让每一座古厝都演绎辉煌的历史，每一个构件都诉说精彩的故事，让我们每一个人都在浩瀚的知识海洋中愉快地遨游。

朱家传，92 岁，土生土长的谟武村人。他对那里的一草一木、一砖一瓦，熟稔于心，了如指掌。他耳聪目明，对答如流；健步如飞，动作敏捷。他频频弯腰拔草，将尘封已久的历史遗迹，展露在人们面前。

我感慨万千，就和元坑镇吴书记交换意见。我认为，第一，老人比老屋更重要，派专人跟随老人，多问多记多拍照多录像，要与死神赛跑，尽量留下更多的原始资料；第二，优秀的传统技艺就是产业，或许目前的价值尚未显现，但是随着时间推移，会越来越凸显；第三，讲好一个故事比做一个硬件，更有实际意义。

然而，养老的问题是农村最大的短板。贺雪峰认为，农村老年人作为弱势群体，成了各种社会问题的最后承受者，并由此产生了严重的道德问题，其中最典型的是老年人自杀的问题。并不是因为温饱，也不是因为没有子女，而是因为孤独寂寞。解决农村老年人的问题，比建公园、建宣传栏更重要、更迫切。我们要端正思想，在解决农村老年人的问题上，有所作为。每一个人都会老的，多为自己积些"阴德"。

老年人不是包袱，而是宝库。著名的公益人邓飞为我们分享了一个案例。江西瑞昌龙兴村唯余空巢老人，龙兴就把一个废弃学校拿出来，交给老人，让他们自己动手建一个老人空间。结果，村里老人都来了，棋牌、广场舞等各类体育运动，轮流做饭、编队种菜，其乐融融。被老人们带来的孩子越来越多，当地人就顺势建了一个幼儿园。乡镇里出了一个老人俱乐部，吸引很多人来围观、玩耍。龙兴支持老人们成立一个手工作坊，做布鞋代工、宠物食品，有一些收入可以维护空间。老人小孩都在了，周末、节假日，年轻人纷纷回家看小孩，也顺便看了老人。老人复活了山村，不就是乡村振兴的重要力量吗？

我们畅所欲言，探讨了很多问题。如三资融合，三资是指高度过剩的资金，严重闲置的资产和大量待业的人才资源。如新村民部落，如何整合资源，制定政策，吸引市民到乡村抱团养生。

我们还讨论了新业态。如年轻人梦寐以求的"剧本杀"，如可以让古老文化走入年轻人心中的游戏等，集中讨论了如何讲好中华优秀传统文化故事。要通过新技术造就全媒体故事，使形式与内容完美契合，推动讲好中华优秀传统文化故事，见人见事见情，让中外受众听得进、看了信、能共鸣。

解读历史文书可以达到认识永泰庄寨的最高层面

2022 年 12 月 16 日

2 月 15 日，"八闽文库·福建民间契约文书"新书发布会在福州隆重举办。省委常委、宣传部部长张彦代表省委省政府宣布 50 卷《永泰文书》在全球发行，十几位国内外专家发言。我有幸全过程参加一天的活动并发言，整理如下。

50 卷《永泰文书》的出版发行，是大工程、大贡献、大作为。非常感谢郑振满老师的团队六年多来的辛勤劳动和无私奉献。

今天高规格的活动，可以进一步提高人们对文化遗产保护与发展的重视。"父子三庄寨"能够获评世界建筑遗产观察名录，凭借的不是它们庞大的建筑本体和精美的建筑艺术，而是它们珍藏的历史文书所揭示的动人的故事和强大的精神内核。我们认识永泰庄寨有知识点、智慧点和哲学点三个层面，而解读历史文书可以达到哲学点这个最高的层面。永泰文书是来之不易、弥足珍贵的宝贝，永泰人民已经能很好地"护宝"，老师同学们也很好地"识宝"，接下来要很好地"用宝"。

冯骥才说过，忽视民间灵气，就不懂中国百姓，不懂中华民族。解读历史文书，可以让古老的民间灵气走进现代生活。古村落古民居如果没有了人文积淀和历史记忆，就不过是一群失忆的、无生命的古尸而已。离开生活的遗产，就没有保护的意义，最终只能被遗弃。我们保护的不是几座房子、几个村落，而是生生不息的乡土文化。文化遗产只有在自觉的爱中，才能保存下来；如果只想呈现政绩，也许就只能导致破坏。我们要埋头苦干，不图回报。

我提出了三点建议：

1. 扩大战果。永泰历史文书估计有 100 多万份，目前解读的只是其冰山一角；希望郑振满老师的团队再接再厉，按照国家新闻出版署的规划，最终出版发行 300 卷《永泰文书》。

今年，我跟随温铁军团队从事环戴云山乡村振兴工作，郑振满老师已在永泰、尤溪、德化开展调查研究，建议也在仙游、古田、永春开展调查研究，实现戴云山民间文书调查研究的闭环。尤其是仙游，地灵人杰，文化底蕴深厚，主编郑振满就是仙游人呀！

2. **转译古典**。什么是前卫？前卫就是对古典的转译，把古人的智慧转化为今人所有。我们要把我们研究的成果对接乡村振兴的伟大战略，恢复健全行之有效的善治系统，认真践行四五百年前业已开展的生态文明建设。

3. **扩大传播**。要努力扩大研究成果的传播范围和效果，善于运用当今人们喜闻乐见的新技术进行全媒体宣传。最本土的，也是最国际的。要向世界讲好中国故事，传递中国生生不息的乡土文化，最大限度地感受永泰庄寨的人情味、烟火气和厚重感。

我建议，把《永泰文书》拿到各地巡展，希望组建中国民间契约学会，把会址设在永泰。我表态，如今村保办的职能已被政府相关部门收回了，我有时间为郑振满团队提供全力以赴的鞍前马后的服务工作，并着手组建《永泰文书》研究基地工作。

今年过年，过得不一样

2023 年 2 月 6 月

年过完了，今年过得怎么样？

大不一样，和三年疫情管控大相径庭，也和疫情前的几年差别很大；另外，不仅仅形式表现得不一样，心里想的也不一样。

团圆是春节的第一主题。在有厅堂、天井的民居，一家人、一厝人围坐生火驱寒、喝茶聊天、打牌喝酒、燃放爆竹，忘记了时辰，忘记了初几；全身心放松，全过程享受。很多人认为，今年鞭炮放得特别响、特别久、特别漂亮——这与经济无关，与疫情有关，与心情有关。这种久违的感觉，让人充满期待，流连忘返，终生难忘。

春节是团圆节，是孝道节、狂欢节、美食节，也是劳动节。不是放假休息，而是卷起袖子，打扫卫生、洗菜切肉、布置场景、烧香跪拜……无论男女老幼，干部农民，大家齐上场，共动手，其景温馨，其乐融融。

精神富足来自自己动手，年味是用自己双手造出来的，不是用钱买来的，更不是别人送来的。

邻里之间，展示最好吃的菜，最高端的酒，最好看的烟火，夹菜劝酒，互祝美好，互不设防。

在现今农村还有桃源吗？所谓桃源既非镜月水花，亦非野鸟闲云。冯骥才先生说得太好了：互不设防，才是桃源的真意。

我们已从吃饱走到了吃好，走到了吃雅。雅，本地话和"饱"谐声，是好看、幸福的意思。我们享受的不单是吃的内容，更要享受做饭的过程，吃饭的氛围；从物质享受发展为物质和精神双重享受，并且以精神享受为主。

我的老家名字很奇特，叫作牛尾限。平时只有一个常住人口，就是我75岁的姊姊。今年，轮到我们牵头闹元宵，结果要办二十几桌。这是一种什么力量？是信仰的力量，是家族的力量，是农村特有的传统文化的力量。这种力量如能引入乡村振兴，何事不成？

用自己创造的神明来安慰自己的心灵，至今仍是乡亲们最重要的精神生活方式。我们要弄懂乡村，就必须研究民间灵气；如果忽视民间灵气，就不懂中国百姓，不懂中华民族。

村民以闹元宵来表达自己的美好愿望，体现在每一个细节。如贡品旁边放一把斧头，斧通"福"。又如放一把菜刀，刀上撒把盐——菜刀，寓意财到，财运亨通；盐巴寓意福在眼前、子孙延绵。中华文化根植于乡村。

过年，就是要放下一切，让我们的心和我们祖宗、父母的心，完成一年一度的修复和链接，来保证我们的生命之源不会断流。春节的各种仪式和活动，提醒我们"我是谁、我从哪里来"，提醒我们不要忘祖断根。

过年的各种活动，大家都主动、积极、踊跃参加，这种无须提醒的自觉，就是最宝贵的精神力量。文化遗产只有在自觉的爱中才能保护下来。

欲彻底放下，必须有足够的时间；可是，春节放假的时间太短了。

希望过年放假从腊月二十三开始，一直到正月初六，元宵节也要放。张孝德指出，磨刀不误砍柴工，要让忙碌一年的中国人把年过好、过透，彻底修复精气神，开始一年新生活。

今年春节，永泰梅花再次火爆；同样火爆，今年却有不同。在正月头最重要的时候，在晴空万里最好的天气，在人们还以为开不好的意外中，以最艳丽的姿态怒放，成了春节期间八闽大地最亮丽的风景。梅花火爆了，我们的头脑也要"风暴"；年过完了，梅花也谢幕了。如何做到四季有花，一年常香，值得探索。

春节期间，乡村热闹非凡，闹元宵、办酒席、看社戏等，人群大量聚集，疫情却无踪无影。温铁军说，农村对人体健康而言有"四洗"功能：乡村文化洗心、山林空气洗肺、小溪泉水洗血、有机食物洗胃。经过三年疫情的考验，大家发现，农村是健康、自然、简单、宁静、和谐的，是最靠谱、最耐守、最安全的。这次全面放开后，农村疫情普遍较轻，说明农村对病毒有屏障功能、稀释功能和自愈功能。农村人以劳动来治疗，以非药物来治疗，如背部刮痧、指尖放血、服用草药等，甚至利用道医，效果明显。诚如是，大疫止于野。

乡村游再次火爆，相对疫情前有过之而无不及。

还是那句话：不是我们拯救乡村，而是乡村拯救我们。通过过年，越来越多的人会认识农村多元的价值，农村的功能也会越来越多地展现出来。

乡村振兴要调用民智民力

2018 年 7 月 1 日

乡村振兴的主体应该是农民，可这似乎成了自欺欺人的笑柄。在许多地方，有的农民不是运动员，也不是裁判员，而是在看台上或者冲到场地里吹口哨扔瓶子的不文明、搞破坏的观众。

项目未落实前，他们三天两头缠着你，什么条件都答应，胸脯拍得砰砰响。一旦项目落地，他们就把信誓旦旦的承诺忘得一干二净。比如我们要一个自然村建公厕，这是解决他们自身问题的大事，而他们竟要我们征地，而且明明是园地却要耕地的标准。

我们的个别民众素质不是很高，表现得目光短浅。明明政府是为群众做好事，但有的群众却乘机绞尽脑汁，想尽办法把政府吸尽榨干。

为什么？因为政府资金投入太多、太快、太集中，办事太急、太好、太方便。乡村无法以情怀来精雕细琢，无法以岁月来打磨养育。受相关政策的限制，项目建设把农民拒之门外。农民先是旁观者，又变成了"对立者"。民智民力，不能为我所用，反成了绊脚石。

俗话说："升米养恩人，斗米养懒人，担米养仇人。"不切实发挥群众的主体作用，容易导致一些项目欲干不能，欲罢不忍，置于骑虎难下的尴尬境地。

永泰庄寨抢修采用奖、补的办法，取得了良好的效果。要群众先动，政府再给补助；确实没有积极性的就放弃一两座。政府用"四两拨千斤"的办法，花一千万元，保证了主要庄寨不塌、不漏、不倒。群众大都怀有感激之情。

我们乡村振兴要讲究策略，要欲擒故纵，循序渐进，步步为营，就是变"要我做"为"我要做"。要把乡村振兴过程，变成新型农民教育过程。如果项目实施的过程沦为农民堕落的路径，致使乡风日下，那不做也罢。

农村的事情必须依靠农民来做

2018 年 10 月 27 日

日前，中国农业大学农民问题研究所所长、中国农村社会学会副会长朱启臻教授，来到永泰指导乡村振兴工作。我有幸聆听了他的讲座，陪同他考察。他的精辟论述至今不绝于耳，逼迫我端坐桌前，认真回忆整理，结合自己的思考，撰写出来。

1. **农村的事情必须依靠农民来做**。几十年来，人们研究的是如何消灭农村，而不是如何振兴农村。按照城市建设的思路改造农村，进行有组织的建设性破坏，结果是，建设一个，破坏一个。"不作为"和"乱作为"在交替进行。乡村振兴不可排斥农民，要破除任何束缚农民手脚的限制和机制。

2. **农民是乡村振兴的主体**。政府角色很重要，但不要越俎代庖；企业推动很有力，但不要鸠占鹊巢。农村不是建设也不是打造，而是修复。农村修复要和城市背道而驰，要把农村修复得更像农村。

城市千城一面，是城市人的无奈；农村千变万化，是城市人的最爱——集中精力建设一个农村，再复制开来，就大错特错了。

3. 不要片面理解产业。不要以为产业兴旺就是要种多少地，出多少量。所有的农产品都严重过剩，一味追求面积和产量，势必造成资源浪费和环境污染。不要掠夺性经营，要给子孙留下永续利用的土地。要发展小而美、小而精、小而全的"两型"农业。

目前阶段，不是把农村建成像城市一样的花园，而是农民回得去的家园。生活就是产业，良田不荒芜、民房有炊烟就是产业。

4. 最关键的是调动民智民力。我国最有效的扶贫措施是包产到户，政府只出台一纸公文，就解决了几亿人的温饱问题。财力有限，民智无限。我们只花了1000多万元，以"先救命，后治病"的原则，用"四两拨千斤"的办法，就保证了主要庄寨不塌、不漏、不倒。原因就是充分调动民智民力。农民不能是乡村振兴的旁观者——农民只有参与其中，才会有主人翁的欢愉感，才会有珍惜荣誉的责任感。没有农民的参与，就没有陪伴式的服务，就没有传统工艺的传承，就不会有真正的乡村振兴。所以，政府不可做得太多、太快！

5. 熟人社会应该倡导自治。党的十九大报告指出，要自治、德治、法治。把自治从第三位提到了第一位。农村是宗族社会、熟人社会，要推行血缘与亲情融入法治的管理模式，要讲思想品德、家庭美德、社会公德。

10月8日，我老家开始募捐修宗祠，在10天的时间里，我们仅以微信发动，就募集了100多万元。人们的宗族观念敬祖观念仍然强烈。如若把农村的宗族力量、宗教力量因势利导，将力大无比，势必可以为乡村振兴添砖加瓦。

乡村振兴从捡烟蒂开始

（与黄淑贞合写）2019 年 10 月 7 日

10 月 6 日至 7 日，我们前往尤溪县的半山村参观学习。听说这个村出了个解甲归田、潜心做"村建"的退役旅长，把原本垃圾遍地、赌博成风的小村变成村明几净、人人勤干的名村。

从永泰走高速行驶了将近两个半小时，我们在接近傍晚的时候终于到达半山村。主人公林上斗书记——传闻中"最美旅长村支书"热情接待了我们。此前，他作为"最美人物"刚从天安门国庆观礼回来。

林书记黝黑的脸庞、壮实的个头，说话的音调温厚中透着朴实。我们在村里的"望桂"民宿与他长谈了一个多小时，之后沿着村里长长的沿溪步道，林书记向我们介绍了村里的基础设施建设和未来的一些构想。

我对这期间的一些问题进行了梳理，也尝试分析，概要如下。

1. 半山村是从什么时候开始发生变化的？

旅长书记：我 2015 年刚从部队回来的时候，村里散乱不堪，垃圾遍地，蚊蝇飞舞，污水横流，大家有空就聚在一起打麻将。当年 4 月，我们提出建立合作社，每个人 200 元，没几个人参与。在这之前，我们做了一些先头工作：一是从村容村貌整治入手，村干部带头捡烟蒂扫垃圾，慢慢地跟着干的村民也就多了；二是整治村落风气、抓赌博，党支部带头，与乡派出所合作，凡是抓到赌博的，赌资全部充作村里的公益建设资金。经过这一番努力，村容村貌和社会风气开始出现很大的改观。

- 乡风文明比什么都重要，如果忽略这一点，即使把村庄外观建设得很美丽，人心反而变得不美丽，也是得不偿失的，不如不建。

2. 村里如何厘定合作社运营与分红的关系，村民都满意吗？

旅长书记：农村的事情，终归还是需要懂农村、了解农村的人来破解。比如这个民宿，从开始修缮、装修到后期的所有设施配套，总共花了100多万元。但是，我们合作社必须先让业主和投资商之间订好协议，红白事要与民宿彻底剥离。在有运营收益的前提下，分红实行三七开，投资商七，业主三；业主内部的也是三七开，公共三，私人七。总之就是要让村民的利益分配滴水不漏，公平公正公道，自然人家就没话说了。

再回到开始讲的合作社入股问题，2015年4月20日，因为当时没几个人入股，所以村里几乎没什么建设启动资金。于是，我们借了几万元钱去武夷山买来竹排，村里人免费玩10天。这下好了，他们把亲戚朋友都叫来了。开业的那段日子，村里每天都跟过节一样热闹，慢慢地人气就来了。

- 只有调动农村的内生力量，和农民共生共荣共发展，才会避免出现毁约率居高不下的尴尬局面，才能实现可持续发展。

到了"五一"长假，游客坐竹排30元/人次，首日就实现了5000多元的收入，第二天也有4000多元的收入。村民一看合作社能挣钱，就纷纷开始掏钱入股了。村民每人200元，共26万元，占股70%，村集体30%。有了这个良好的开端，我们开始实现"统股统权"，把基础服务设施慢慢完善了起来。村里现有3家"农家乐"，如经过提前预约准备，接待1000人完全不是问题。合作社成立第二年开始，就在保本的基础上，实现了每人160元的分红。

● 上层设计的全员参加的经联社是农村发展最有效的途径，不能图形式，走过场。

3. 您认为农村建设最关键的是什么？

旅长书记：乡村振兴最主要还是带头人。当村干部，首先就不应该与民争利，自身要干净、公道，人家才会敬重你、信服你。我自己有退休金，虽然当着三个村的书记，但是我没领过一分工资；甚至村里做公益活动的时候，我自己还常常带头捐款。当村干部不要总想着口头瞎指挥，而要想着"带领"，以身示范，带头做起。时代在发展，党的基本工作路线不能忘，群众路线是我们党的生命线和根本工作线。共产党员最亮丽的名片就是奉献。我们今天做这一切事业的前提就是要牢牢记住一个初心：村里的人民群众应该成为最大受益者。

● 永泰地理位置、交通条件、自然风光、历史文化都出类拔萃，甚至领导重视、政策配套、资金投入也可圈可点，唯一缺乏的就是"大咖"；这个"大咖"一定是土生土长的，对永阳大地饱含热情的。我们要千方百计培养本地"大咖"。

成立合作社后，我们在全村推广种植新品种黄金百香果。种植之初，由合作社垫付搭架、果苗资金；收成时，由村合作社统一收购，统一使用"半月岛"品牌，统一对外销售。现在我们还成立了百香果分拣中心，解决了很大一部分村民的就业问题。

4. 半山村乡风这么好，有自己的村规民约吗？

旅长书记：村规民约我们目前暂时没有定下来，但是从村道两侧的宣传布置以及村里的公共空间"三诚公园"建设，大家可以看到我们的一些文明倡导，我更相信潜移默化的力量。从 2015 年以来，我们就一直在倡导"诚实为人，诚信做事，诚心相待"的"三诚"文化。就拿垃圾整治这件事来说吧，我们成立了儿童团监督员。哪个孩子看到垃圾捡起来、扔到指定的垃圾桶，就可以获得棒棒糖奖励。时间长了，大家自然而然也就养成了不乱丢垃圾的好习惯。

再有，每年重阳节半山村都举办"老叟宴"，自愿出资办席、发慰问品的人很多，现已排队到 2028 年。对捐款额度问题，我们讲求"高不封顶，低不设限"，不攀比，杜绝浪费，爱心捐款者首要条件是孝顺父母。

- 文明诚信是最大的资源。假如某村卫生文明蔚然成风，政府就会树立典型，给予更多的荣誉和政策；无论是内商还是外商，都可以不招自来。

5. 在村庄整治中，您有什么建议？

旅长书记：我们在"穿衣戴帽"工作时，没有包办，哪家同意了，哪家先施工；不同意的，就慢慢地继续做工作，以时间换取空间。老百姓都是爱面子的，最后，他们也都同意按我们的方案施工。

- 为群众办事不要太全、太急、太图省事，否则就可能出力不讨好，花钱费力。

6. 您认为目前村庄的运营机制还有哪些需要完善的？

旅长书记：在我看来，农村的运营机制要转变和改良。无论是发展合作社还是村集体经济，村干部都不可以管钱——村干部不能既当运动员又当裁判员。村里成立合作社，我虽然是村书记，但法人代表由村里另外举荐有威望的乡贤担任。而我们要做的首要问题，就是保护那些真正想做事的乡贤。一个村的运营组织应该包含以下几个：村两委、老人协（分担红白事、仲裁功能）、合作社（可以下设公司，承担市场运营功能）、敬老院（分担养老服务功能）等，未来村落运营的方式，就是以企业的模式管理乡村。

再有，村落发展要广泛寻求全民参与，必须打破狭隘的宗族观念，要让全体村民成为利益共同体，感受到参加公用事业的荣誉感。比如我们村里建立了十二生肖属相亭，按常规立碑排位，都是把各个家族有名望的人刻上去。现在，我们打破这个常规，按捐资者的年龄以及生肖属相来定排名。虽然这只是一个小小的创新，但是这种荣誉感对村里的小房小户是巨大的鼓舞。

- 不忘初心，就是想方设法地为群众做好事做实事，而不是与群众争利益，借"林改""确权"，挖空心思地把集体资产据为己有。为什么群众不听你的话？因为怀疑你是否公平、透明、廉洁。

在室外吃晚饭时，省住建厅王胜熙副厅长也给我们介绍了很多案例，提出许多接地气的真知灼见。在一个多小时的时间里，果然未遇一只蚊子、一只苍蝇，大家都在全身心地享受讲卫生带来的好处。

回程时，我们进行了热烈讨论，最后达成一个重要的共识：永泰没有旅长书记，但我们可以像旅长书记一样爱家乡、爱农民，重视乡风文明，从捡烟蒂、抓赌博、讲孝顺做起，让村民为主体振兴乡村，增强村民的主人感、荣誉感。

重阳，敬老正当时

（与黄淑贞合写）2020 年 10 月 25 日

10 月 25 日，农历九月初九，"大赤岸第二届敬老节"在前洋将军庙隆重举行，约 230 位老人参加了今天的活动。县领导张培奋出席活动并讲话。县总医院、县村保办、县乡村振兴研究院、县摄影家协会、县义工协会、县融媒体中心、天台山救援中心以及丹云乡等参加了此次活动。

本届敬老节活动，共有 22 个单位（个人）通过孝捐接龙，为本次活动捐赠物资总价值约 123660 元。在往届活动基础上，今年主办方结合乡村建设实际，对活动进行了大胆的创新，如表彰"十佳孝顺家庭"、为百岁老人赠寿匾、救助困难老人及残障人士，同时，通过"爱乡宝"APP，为困难老人、残障人士等募集善款，切切实实把敬老扶老的传统美德发扬光大。

活动的特点如下：

1. 乡贤牵头举办。本届轮到乡贤张庆明主办，其他乡贤也从大江南北赶回家乡，亲力亲为组织活动。如乡贤王明生不仅捐献 15000元，还专程乘飞机从山西回家帮忙。

2. 广泛发动群众。"十佳孝顺家庭"和困难老人，是经过召集群众多次讨论比对推选，村两委研究初定，最后通过公示确定的。参加活动的老人、参加捐献的单位和个人都非常踊跃。

3. 内容丰富实在。有义诊送药，有表彰慰问，有村民自导自演，有义工长途献演，有线下捐款捐物，还启动手机 APP 捐款，这些都和美德银行建设密切挂钩。

4. 建立长效机制。希望建立鼓励爱老护老的机制，特制"孝"旗，进行交接，实现爱心接力。同时，发动老年人参与乡村振兴工作，牵头组建运行美德银行。

据悉，继母亲节、誓师大会、丰收体验活动之后，这是赤岸村今年第四场大型活动，目的是锻炼村自为战的能力；同时，凝聚民心，尽快确立农民主体的地位。

附："十佳孝顺家庭"

前洋村

▲ 蔡书敏

多少个同咸同淡的日夜，他是祖父祖母确保安康的寿杖，他是祖父祖母从容晚景的精神支柱。在县城工作，却几乎每周都要回来一次，带上各式各样的礼物和滋补品看望老人，陪老人聊天解闷，嘘寒问暖。他的行动温暖着亲人，也温暖着每一位父老乡亲。

▲ 王碧珠

数十年来，她敬重公婆，贤德持家。婆婆已然95岁高龄，生活不能自理。多少个日日夜夜，她耐心搀扶，送水送饭，端茶端药，不厌其烦，精心照料。95岁的老人也时常夸奖"多亏了这个好儿媳体贴周到的照顾，我才活得这么快乐，健康长寿"。

▲ 张建英

母亲87岁高龄，腿脚不便，多年来她一直将母亲带在身边照顾，家中大小事务都会征求母亲意见。感恩父母无须华丽的语言，精神愉悦是使人长寿的第一要义。张建英用她朴素的孝心为我们树立起孝亲敬老的标杆。

▲ 王伯民

母亲张金妹常年多病，只能在自己房间里走动。他每天白天在清凉镇上工作，晚上坚持回来母亲膝下承欢，陪母亲聊天，逗母亲开心。俗话说"久病床前无孝子"，王伯民用行动改写着这句话。他"知孝""行孝"，以一颗感恩的心，诠释着为人子女的价值。

▲ 林礼玉

她有一个令村人交口称赞、四邻羡慕的和谐幸福家庭，他们一家九口人多年来住在一间套房里，不曾分家。一直是兄友弟恭，妯娌和睦，从未争执，从不因一些琐碎小事破坏家庭和睦。两对儿子儿媳，个个朴实善良，孝亲敬老，乐于付出，在平凡的生活里，缔造家和万事兴的馨香。

赤岸村

▲ 王其钟

王其钟的两位子女王家昌王瑞玉团结和睦，长大成人后深知父母将儿女养育成人的艰辛，每周都会回来看望老人，给老人带各式吃食，尽心尽责，让父母丰衣足食安度晚年。他们弘扬孝亲敬老的传统美德，是村庄和谐孝顺家庭的典范。

▲ 吴亦兰

吴亦兰的儿子儿媳，自结婚以来相敬如宾，孝敬公婆，善待父母，勤俭持家，生活俭朴，对老人尊敬，生活上予以照顾，尽量满足老人要求，使老人得以安度晚年。他们用朴素的行动在平凡的生活中谱写着和谐的动人乐章。

▲ 林爱珠

儿子王洪飞在福州工作却坚持将母亲带在身边照顾，他尊敬关心老人，从不会对母亲的唠叨不耐烦。在他的努力经营下，家庭和谐融洽，令乡亲们羡慕，得到大家的称赞。

▲ 张桂英

张桂英的儿子张亦全在忙碌的工作中仍然抽空陪伴母亲，满足长辈的要求，逢年过节总会给长辈添置新衣，改善伙食，敬老尊长，让母亲安享幸福晚年。

▲ 罗春莲

王巧明为履行好为人子的责任，即使在县城工作也将母亲带在身边照顾。他任劳任怨，常常陪老人聊天散步，从不顶撞长辈。不但照顾老人的生活起居，还十分顾及老人情绪，尽最大努力让老人开心满意，在他的言传身教下全家和美，村民赞不绝口。

除此之外，大赤岸美德银行还在前洋、赤岸评出 10 位困难老人、残障人士作为本次敬老节活动的救助扶助对象，并为他们颁发慰问金和企业捐赠的毛毯等生活物品。

永泰县总医院为了支持本次敬老节活动，特地派出精干医护队伍，送医送药下乡，为丹云大赤岸老人开展义诊服务。

家是构成社会的最小单位，家庭和睦才能带来社会稳定。"老吾老以及人之老"，每个人对孝顺都有不同的理解，有的人认为是吃饱穿暖，有的人认为是多给钱，有的人认为是不忤逆，而老人们更需要的可能只是陪伴。孝老敬亲本就是乡村的传统美德，只有代代相传，村庄发展才有希望。

爱别等，孝别迟。

赤岸村要办一场属于农民的农民丰收节

（与黄淑贞合写）2020 年 9 月 30 日

丰收啦！距 6 月 24 日丹云大赤岸合作社插秧节将近 4 个月，我们即将迎来一场别样的大丰收。10 月 17 日上午（农历九月初一），我们将在丹云大赤岸举办一场真正属于农民自己的丰收节。名为农民丰收节，一定是为当地农民而办，干当地农村的农活儿，吃当地农家的食材，解决当地农民的困难。

本次丰收节主要聚焦六大亮点。

1. **农民主体**。沃野千里，贵在耕耘。这场丰收节主办者是丹云乡赤岸村、前洋村两委，承办者是"大赤岸农民合作社"，真正体现"农民主体"。农民不是远观者，而是组织者、参与者、获益者。这是本次丰收节活动的最大落脚点。

2. **厉行节约**。"一粥一饭当思来之不易,半丝半缕恒念物力维艰。"不铺张、不浪费,以天为幕、以稻为媒。全部费用控制在 3 万元以内,所有食材均出自村里,所有工具(除音响系统外)都由农民随手带来。

3. **返璞归真**。"若能杯水如茗淡,应信村茶比酒香。"村里一句"你呷没?(吃了吗)"就是最深刻的乡土问候。通过割稻、打谷、吹谷、扎草人等记忆场景复现,大家在劳动中,重新找回过去互助协作、亲爱友善的乡邻关系。这既是大地母亲的馈赠,也是乡村传统的延续。乡村最大的价值是文化,文化通过生活来体现,劳作则是乡村生活不可分割的一部分。

4. **忆苦思甜**。布衣菜饭,可乐终身。改革开放四十多年来,大伙儿日子越过越好。越是这样,我们越是不能忘本——艰苦奋斗、勤俭节约。粗茶淡饭,田间分饭,站着吃饭,将成为一道淳朴而又亮丽的风景线。经历过"吃不饱穿不暖"的艰苦岁月,现在的幸福才更要稳稳的。有了城市丛林的激烈竞争,有了过千山、涉万水的万般滋味,才知佳肴珍馐万千,不若家乡一镬米饭。

5. **城乡融合**。在米香复活的新时代,城市需要健康的食材,农村需要畅通的渠道,丰收节就是这样实现互联互通的平台。独乐乐不如众乐乐,与其叉腰站在旁边看,不如撸起袖子一起干。无论您来自哪里,在村里除了购买大米外,还可以实打实干,体验农活的乐趣,享受流汗的畅快,回味劳动的艰辛和快乐。通过网络报名,将有 160 名城里人参加。

6. **注重实效**。赤岸村里的 120 亩有机稻,种植在荒废已十年以上、今年刚复垦的水田里,不喷农药,不施化肥,丰收在望。"大赤岸农民合作社"命名其为"友善"大米,将在田间地头为大家开展一站式服务,现场订购、包装、登记,对于携带不便的朋友,快递公司现场收件，速递到家。现场认购的朋友每斤优惠两元。

为了邀请八方来客，共享丰收喜悦，村里特地开放了100个在线报名名额，先报先得。

今天，我们都是农民

（与黄淑贞合写）2020 年 10 月 17 日

2020 年 10 月 17 日，农历九月初一，"大赤岸友善稻谷丰收体验活动"在大赤岸友善水稻种植基地（前洋村坂斗自然村）隆重举行。县农业农村局、县文旅局、县林业局、县乡村振兴办、县村保办、县乡村振兴研究院、县农村信用合作联社、县旅游总公司、丹云乡当地干部群众，以及线上报名的各方来客近 300 人参加了此次活动。

本次活动看点回顾如下。

1. **活动场地不设主席台**。"大赤岸友善稻谷丰收体验活动"场地就设置在大赤岸友善水稻种植基地的稻田里。活动不设主席台，不搭舞台，以青山为背景，以稻田为良媒，每个人都是主角，人人参与，个个快乐。所有的文宣材料都来自村民家里，比如簸箕、红纸，用完了就拆回家接着用。

2. **下了地，大家都是农民**。到了田里，没有领导、老总、大款，只要下了地，大家都是农民。每个人都从中获得了劳动体验的快乐——割稻、脱粒、扬谷、筛谷，每一个环节都复现劳动的场景，感受农民的艰辛、收获的不易。

3. **健康食材唱主角**。本次丰收节的主要目的是销售友善大米，为当地农民增收，因此，活动主办方特地设置了农产品销售展示区域，大家既可以看，又可以买。富硒土壤上生长的健康食材，没有中间商赚差价，价格亲民。除此之外，还有中药材基地的灵芝、铁皮石斛、三叶草等珍贵药材，这也是大赤岸未来发展中重要的富民产业之一。

4. 老人妇女都是艺术家。刚刚到达活动地点，大家就被一群正在忙于包"蒲茇"的村民吸引住了。据当地村民介绍，"蒲茇"是大赤岸祖祖辈辈传承下来的敬老美食，有点年纪的人都会这门手艺。路边还有茶油炸的喷香的"海蛎饼"，目测这饼比永泰其他地方的"蛎饼"大整整一圈。现场制作蛎饼的阿姨说，这是用她们家年节时候用的器具做的，自然比外面小摊上的个儿大，这样吃了才过瘾。

5. 农家宴回归传统。本次活动的食材大多来自村里，主食就是刚出产的友善大米炊地瓜饭。粒粒分明的大米，分别装在两斤装、十斤装的布袋里。大家现场踊跃认购。其中，两斤装大米就是村里人的诚意，席间分发给村外来客作为伴手礼。因为场地简陋，有的席面有椅子，有的席面没椅子，大家索性站着吃。因为真正的农民为了节省时间，往往都是将饭食带到田里，坐在田间地头吃。农家宴虽然简朴，但是站着吃也香。

6. 公益"大咖"来助阵。活动吸引了"慈善大使"方庆云、"免费午餐"发起人邓飞以及古村守护人汤敏的加入。一到现场刚下车，三位公益"大咖"就纷纷加入收割水稻的队伍里，为友善大米站台助阵。85岁的方老一下车就大声喊："培奋，培奋，镰刀给我！"他说五十多年没割稻谷了，于是先割后摔，忙得不亦乐乎。我老婆、女儿也参加了，她们笨手笨脚地割了一坵稻谷，虽然腰酸背痛，却满心欢喜。我还分别陪同邓飞和汤敏参观了丹云大赤岸的中草药种植基地等。

7. 未来的大舞台更属于年轻人。本次体验活动，很多环节都有年轻人参与。割稻谷的、分大米的、卖大米的、当志愿者维持秩序的、当服务员端菜的……年轻的身影越来越多。在这片充满希望的热土上，乡村不仅仅是近在眼前的"诗和远方"，更是未来发展的大舞台，每个人的青春都将在这里留下难忘的美丽印迹。

去年，我们举办了 8 场大型活动

2021 年 4 月 24 日

回顾 2020 年，我们共举办了 8 场大型的活动。在政府的指导下，坚持不花或少花财政的钱，引导民间举办，力争全民参与，激发村民乡村振兴的积极性。这项工作并不是一帆风顺的，但总会发挥和风细雨、潜移默化的作用，相信最终能达到质的飞跃。去年敬老节只有 11 位乡亲捐款，而今年的咔遛节捐款的乡亲已经达到 286 人，而且还在持续增加中。

5 月 2 日，在折桂桥下举行了一场别开生面的"放生"活动。目的是净化水体，增加溪流的观赏价值。

5 月 10 日，在将军庙举行了"爱在赤岸，感恩母亲"的母亲节公益直播活动。线上 4 万多人观看了今天的活动。这是改革开放以来当地最大规模的集会，许多母亲在此找到尊严，感受到温暖。

6 月 24 日，举办"大赤岸杯"首届插秧节活动。劳动是辛苦的，劳动也是快乐的。我们种植不施化肥、不喷农药的有机大米，是为了恢复生产，保护生态，延续生活，拯救生命。

8 月 30 日，"赤岸乡村振兴誓师大会"隆重举行。"军中无戏言"，我们订了军令状，吹响了战斗的号角。战斗力如何，就在战场上见分晓。

10 月 17 日，"大赤岸友善稻谷丰收体验活动"在大赤岸友善水稻种植基地隆重举行。我们定了六个原则：第一，农民主体，由合作社来举办；第二，厉行节约，总费用不超 3 万元；第三，返璞归真，以稻田为舞台，以青山为背景，不做任何不必要的装饰；第四，忆苦思甜，吃番薯、玉米，粗茶淡饭；第五，城乡融合，160多位市民网络报名，把劳动当成快乐，把流汗当成享受；第六，注重实效，最后让参加丰收的人来认购大米。

10月25日（农历九月初九），"大赤岸第二届敬老节"在前洋将军庙隆重举行。共有约230位老人参加了今天的活动，选出了10户孝顺家庭。我们不仅为他们颁奖，还写了颁奖词，得奖者听到自己的颁奖词时，激动得热泪盈眶。组织者制作了"孝"旗，活动临结束时，"孝"旗由本届举办者传递给下一届举办者，实行爱心接力。

12月2日（农历十月十八），"赤岸王氏宗祠重建落成庆典"在丹云乡赤岸村王氏宗祠隆重举行。王氏宗亲共捐款220多万元，从各地赶回来参加活动的有500多人。如果把修宗祠的这种热情高昂的力量运用到乡村振兴，何事不成？

2021年2月7日（农历腊月廿六），丹云大赤岸水碓房乡村酒吧正式开业。酒吧由赤岸年轻人张谦运营，评判乡村振兴成功与否的重要标准是年轻人是否回家创业，如果赤岸有十个张谦回家创业，那乡村振兴就为时不远了。

疯了，13天办了3场大型活动

2021年5月4日

是的，在13天时间内，在3个中国传统村落里，我们举办了3场大型活动。

4月20日，在同安镇三捷村辅弼岭自然村，举办谷雨节活动。

5月1日至5日，在丹云乡赤岸村，举办大赤岸首届咔遛节活动。

5月2日，在盖洋乡盖洋村三对厝，举办乡土文化馆开馆仪式及民俗表演活动。

我们很理智，3 场活动办得很成功，体现在三个方面：

① 在厉行节约、精打细算的前提下，场面隆重热烈，成果切实有效。

② 广泛发动群众参与，确立农民主体地位。

③ 紧扣文化的主题，充分展示当地传统文化的魅力，探索传承弘扬的机制。

有人问我们到底累不累？我们指挥部单位很小，几乎算是单枪匹马。但是我们又拥有千军万马：有县委县政府的领导，得到相关乡村干部的支持，最重要的是发动了广大群众——救援队、社会义工、众多媒体等义务支援。我们只负责策划、宣传和督察，大部分的工作均由合作社或理事会完成。农民只有参与了，才有主人翁的欢愉感和珍惜荣誉的责任感。现在群众虽苦虽累，但因参与其中，就乐在其中。我们也乐在其中。

刚刚组建的辅弼岭合作社主办的谷雨节，34 户社员全部捐款，基本上是举家参加活动的筹备和当天的活动。

赤岸合作社向村民征集活动摊位、爱心捐款以及招募志愿者等。近 300 位乡亲共捐资近 18 万元，绝大多数村民也自发参加了各类志愿服务活动。

盖洋村三对厝理事会在建馆、举办开馆仪式和组织民俗活动时，全力以赴，密切配合，300 多人的郑氏后裔参加了活动。

无论是传统村落的保护与发展，还是乡村振兴，都要把发动群众放在第一步，放在重要的一步。只有发动群众了，才能整合资源、确立农民主体地位，激发内生动力，建立长效机制。如果不发动群众，即使投入再多的钱，乡村也难以得到长久、顺利的振兴。

毛泽东同志指出："人民，只有人民，才是创造世界历史的动力。"

邓小平同志指出："群众是我们力量的源泉，群众路线和群众观点是我们的传家宝。"习近平总书记教导我们："民心是最大的政治。""江山就是人民，人民就是江山。"

前年，《人民日报》两个彩版全版介绍"永泰庄寨保护模式"。目前，有四档央视节目跟踪采访我们，其中"经济半小时"的《福建永泰：老庄寨焕发新生机》已经播出。新华社已经刊发两篇，还要跟踪报道。能引起三大主流媒体关注的原因，是我们高度重视、始终如一地发动群众。我们还会坚持不懈地做好这方面的工作。

是什么力量让我们乐此不疲呢？是锻炼自身的兴趣，是热爱乡村的情怀，是传承文化的责任。

习近平总书记始终强调传承弘扬传统文化。最近，习近平总书记来闽考察，新华社整理了总书记重要讲话的金句，共有十一句，其中传统文化占有两句："文化自信，是更基础、更广泛、更深厚的自信，是推动社会变革、发展的更基本、更深沉、更持久的力量。"

全国人大农业农村委主任陈锡文撰文，乡村振兴不是要发展多快，而是要发挥乡村独特的最主要功能：一是确保粮食和重要农产品的供给；二是提供生态屏障和生态产品；三是传承优秀的传统文化，处理人、处理物的理念，宣传农业生产知识、乡规民约等。

温铁军教授曾说，农业要一二三产融合，更要发展四五六产，产业等级越高效益就越高。四产是自然教育，挖掘本地化的知识生产，对接外部教育需求；五产是生命产业，发展寿养、康养、医养，以及中医药；六产是历史文化传承。传承优秀的传统文化是乡村振兴的最高版本。

产业放在乡村振兴的第一位，有人理解为要达到多大面积、多高产量。其实，发展传统产业，你做什么就亏什么，做得越多就亏得越多。再说，产业也应该包含文化产业。

遗产保护不等于遗产保存，它包含保存、维护、修复、翻修、加建。保护是前提，再生是目的。遗产如果退出生活，还有存在的意义吗？遗产保护不是把遗产隔在遥不可及的对岸，而是搭建桥梁，让它与现代生活融通。我们的传承不是历史的尘埃，而是文明的火光。

传统文化要找到它的现代性、独特性和未来性。就是要把我们的传统文化和数千年来的智慧转译、转化成现代的智慧。经济是文化的仆人。

只有当地的传统文化，才有特色，有差异性，有生命力，才会吸引人们探寻的兴趣。那种舍近求远、舍土求洋的做法，也许会一时满足人们新鲜感、好奇心，但保鲜期一过，熟悉感一有，就会被人弃如敝屣。

前年某一天，温铁军教授与我聊天。之后，他根据我的建议，向李德金副省长写信，标题是：建议把永泰县建成以文化引领乡村振兴的试验区。李德金副省长做了很长的批示。

多么希望这件事能够往前推进。

咔遛节何以推动乡村振兴？

2021 年 6 月 8 日

大赤岸咔遛节（"咔遛"在福州话里是"玩耍"的意思）曾经热闹闹几天，轰动一时；现如今渐归平静，似乎要淡出人们视野。有人不禁怀疑：咔遛节也是过眼云烟，终归成落地鸡毛？

我们项目建设、举办活动，始终要顾及实际功用、后期管理和持续发展。我们举办咔遛节，也不是贪图一时痛快，满足短期效应，而是要把咔遛节打造成赤岸村独特持久的有重大效益的品牌。

1. 不把农民组织起来，乡村振兴就没有可能性。

贺雪峰最近撰文《不把农民组织起来，乡村振兴就没有可能性》。我们也不断呼吁：乡村振兴第一步也是最重要的一步，就是发动群众。只有这样，才能发挥主体作用，调动内生动力，建立长效机制；也才能整合农村闲置的资源，与过剩的资本对接，让金融走进乡村。

咔遛节无疑凝聚了人心，这是最大的收获。"民心是最大的政治。"我相信，有了团结一心，许多问题会迎刃而解，许多事业能水到渠成。我们会坚定不移地做好群众工作，要凝聚更多的心，要把心凝聚得更加紧密。

2. 持续举办活动，不断地把赤岸推到更高的层次。

乡村建设分为硬件、软件和运营，运营要前置，硬件、软件要并行。宣传是运营的重要内容，尤其在起始阶段，在什么效益都没有的情况下，至少要取得宣传效益。而举办活动就是宣传的最佳手段。

我曾主持举办"乡村复兴论坛·永泰庄寨峰会"，从工程建设和会务组织的角度看，绝对是成功的；但是，从会议效果来看，绝对是失败的。与会中有两种人，一是受领导指派的，不是自己兴趣所致；二是借此名义，观光旅游。所以，开幕式一完，人就跑了三分之一；到了第二天，更是稀稀拉拉，实在惨不忍睹。

去年，我参加了尤溪县的民间论坛，叫作三十三人论坛，限定与会名额33人；后改为六十六论坛，最终来了120多人。没有专车接送，没有食宿差旅报销，住标房的要交380元，住单间的要交560多元。我做了一小时主旨演讲，其他两位民宿主人和中草药种植的各做了半小时演讲。因互动热烈，论坛无法按时结束，差点误了拍照。晚饭后，我们又自发组织沙龙，直至深夜11点多，大家仍然话题未完，兴致不尽，恋恋不舍地散开。

举办活动要力求切实有效，力戒滥竽充数，力戒铺张浪费。赤岸要举办一场高规格的、有实效的民间论坛。今年 10 月 14 日，稻香将弥漫全村，目之所及，一片金黄。这一天正是重阳节，赤岸村将实行爱心接龙，举办第三届敬老节。参加民间论坛的嘉宾可以体验丰收的喜悦，可以感受孝顺的温馨。除了常规的演讲外，我们将安排嘉宾号脉赤岸发展，对接推介项目。

最有特色的是：嘉宾可以和赤岸的村民吃在一起，住在一起，全身心地体会赤岸村民当地的传统。我们将实施一户两门、一宅两院的做法，由合作社整合农户多余的房间，推出统一装修、管理、对外经营的民宿。

有了名声，自然跟来了项目，送来了资金。锦上添花是大众心理，机会毕竟留给有准备的人。

3. 发展壮大合作社，社员要经常回家消费。

我们讲的合作社一定是全员的综合的集体的合作社。目前，赤岸的合作社成员数量还不多，必须扩员增股，所有大赤岸的村民都是现成的社员，每户均可拥有股权证，此证在股民缴费 300 元后生效。

合作社前期经营采用轮值模式，合作社骨干一年值班应满 15 天，当值人确因特殊原因，无法按期驻村的，可委托或聘请常驻人员代为管理相关事宜。后期拟采用职业经理人全权代表，管理人由合作社聘任。

所有合作社成员的回村消费，要达到其总消费的三分之一以上。所在单位如有团建活动，属于单位负责人的要安排在赤岸举办，没有决策权的社员要努力争取。

继续发行赤币。只要持赤币到大赤岸合作社消费，包含住宿、购物、饮食等，均可享受6.6折的优惠。如果在当年度无法用完，合作社就折算为持币人喜欢的食品，快递到持币人的家中。

只有赤岸人经常回家了，才会吸引新村民来家。乡村振兴必须有人气，这个"人"首先是合作社的成员；有了人气，才有财气。

组建全员经合社确实千辛万苦，我们可以循序渐进，先分区域分产业组建，有朝一日，区域产业覆盖广了，自然就成了全员规模。合作社的最终目标是共同富裕，但那需要久久为功才可大功告成。起始阶段的合作社主要发挥统一思想、整合资源，互相牵制、信守承诺的作用。

4. 科学地发展产业，是乡村工作的出发点和落脚点。

只有产业发展了，扩员才可以水到渠成，合作社才能可持续发展壮大。发展产业不可一步到位，必须慎之又慎，循序渐进。

合作社按去年规模（一百亩）继续种植有机友善大米。林下种植药材也按去年规模继续种植，另规划20亩山林用于试种李果新品种。选取适合当地的种子，种植时令蔬菜，大面积由合作社选福禄桥对面三块田地集中种植，小部分采取分种到户，再由合作社安排的相关人员统一管理的方法。试养土鸡、番鸭、菜鸭幼苗等，养殖规模初定每个品种为30只至50只，由合作社相关负责人及农户代表选定养殖场地，该场地需符合山貌地形、活水流动的条件，且不得污染周边生态环境及饮用水。

继续主打美食牌，引进台湾团队，对美食产品进行策划，提升包装。计划在县城开家"大赤岸美食坊"，作为美食宣传营销的窗口。对接福建工程学院等高校，谋划建立研学基地。

续建公益森林公园，规范美德银行管理。

曾经有人对我说，你不能老叫人捐款，有本事就发钱。如今就想发钱简直是一步登天；但只要大家同心协力，艰苦奋斗，发钱的日子一定会很快到来。

咔遛节不仅仅是咔遛，也不仅仅是品牌，最终一定是无法复制的产业。

通过三个"yì"，把农民发动起来

2022 年 3 月 23 日

山城的宁静被疫情打破了。我不东奔西跑了，不接待客人了，就在家里看书写文章。

唐仁健部长说，今年中央一号文件最最重要的两点是：工作理念上，乡村振兴为农民而兴，乡村建设为农民而建；工作方法上，数量服从质量，进度服从实效，求好不求快。

我始终认为，乡村振兴第一步是最重要的一步，也是最艰难的一步，就是发动农民、整合资源——只有农民动起来了，才能确立农民主体地位，激发内生动力，建立长效机制，做到"乡村振兴为农民而兴"。

那如何发动群众呢？我归纳了三个办法，即三个"yì"——利益、公益、文艺。

1. **利益**。利益就是通过经济杠杆，把农民的积极性调动起来。如成立合作社、协会、公司等。在古厝抢修中实施奖补政策，大胆尝试"工料法"，让农民参与工程施工的管理、监督，一技之长有施展的田地，累积的材料可以派上用场，在一定程度上，实现农民就近就业创业，就地致富。

2. **公益**。白云乡的首届拗九节，虽然准备仓促，但也有 230 多人奉献了爱心，1000 多位老人感受到温暖。目前正在筹备母亲节。而赤岸村的第二届敬老节，评出了 10 个孝顺家庭。

爱，会传递、裂变、会凝聚人心，会感天动地。

2018 年，我牵头为老家编族谱、修宗祠，我们倡议每人捐款 100 元，没有开大会部署，没有发文件要求，至今，除了智障者和真的不知情的人外，捐款覆盖面达到 100%。最近，我为省长挂钩的新康村的乡村振兴提建议，突出一点，要重编族谱，重建宗祠。

传统文化是最经久不衰的产业，也是凝聚人心最行之有效的抓手。

白云村卫生环境不尽如人意。我建议他们，每月评选，表扬最好的，曝光最差的；组建学生公益卫生队，上门为最差的打扫卫生，整治环境。我相信，学生的义举会改变村民的不良行为。开始筹建美德银行，推行积分制。

一个村，如果人人讲卫生讲文明做好事，共同维护集体形象，即使资源差些，也能魅力四射。

3. 文艺。龙潭村的林正碌践行了"零基础画画""人人都是艺术家"的思路，吸引了众多的村民投身艺术，走出一条艺术活化乡村的道路。

3 月 13 日，"唱响福建"乡村振兴音乐"策源地"落地白云签约仪式，在永泰白云乡政府会议室举行。此后，"唱响福建"团队将进驻白云，负责用音乐艺术撬动乡村文化振兴相关活动的策划和落地执行，负责在永泰全县（白云乡作为重点）选拔、培养一批优秀的青少年音乐艺术人才，进行统一培养、个体塑造和整体推出。组织省内外音乐艺术专家聚集永泰（白云乡作为重点）开展创作采风活动，带动更多音乐人投身永泰开展音乐创作。为永泰（白云乡作为重点）量身定制一批歌唱家乡美、献礼新时代、讴歌乡村振兴伟大成果的原创歌曲。

有策划、分阶段地配合原创音乐组织开展永泰主题系列原创歌曲 MV 摄制比赛活动。面向全国出版发行国内首部乡村文化振兴成果音乐作品专辑和国内首部中小学音乐美育成果作品集。在永泰举办国内首部乡村文化振兴成果暨国内首部中小学音乐美育成果专场音乐会。永泰主题系列的乡村文化品牌歌曲以现代的视角、"燃"的方式，让永泰优秀传统乡土文化"活起来"。发挥自身领域优势，不间断地采取请进来、走出去的方式，开展"永泰乡村文化"的推广宣传。将"'唱响福建'乡村振兴音乐'策源地'暨中国新乡村音乐艺术家驻地"推进打造成国内外大专院校和音乐艺术从业者在文化艺术领域方面合作交流的平台基地。用"音乐研学 + 音乐展演"的模式助力永泰（特别是白云乡）建设成享有盛名的音乐之乡。

心灵到不了的地方，音乐可以。

我们希望充分发挥策源地的作用，让白云人会唱白云歌，爱唱白云歌，唱响白云。目前，首先要整合、提升老人乐队。

疫情总会过去的。期盼更多人找寻更多的"yi"，更好地发动农民，更快地推动乡村振兴。

你自己都不回家，就别指望别人到你家

2022 年 5 月 21 日

我帮省长为挂钩村等一些地方做乡村振兴，不是为了提拔——都快退休了，谈何提拔？不是为了金钱，我属于公务员，只能拿该拿的钱。那是为了什么？为了自认为正确的理念输出，为了人生价值的实现，图一个心情愉快。所以，每考察一个地方后，我都要求授课，打算先给干部们"洗脑"。认同我，再谈合作；反之，握手告别。这种可以进退自如的境界，非常适合我当前的心境。

某日，我与莆田市的一乡镇两主官聊天，其党委书记发出感慨："我们莆田的乡村振兴理念比你们永泰落后十年。"永泰也有很多不尽如人意的地方呀！看来，乡村振兴确实很难，各地都在摸索前进，谁都不得妄言：找到了振兴之路，就大功告成。目前阶段，知还是比行更重要。方向错了，停下来，也是进步；方向错了，少破坏，也是贡献。

其他专家可以在实验室里诞生，可以在图书馆里诞生；但农业专家一定要从田间地头走出来的，闭门造车造不出农业专家。有一次中心组学习，先听某著名高校校长讲课，一个半小时过去了，大家都觉得听了好像没听一样，讲了好像没讲一样。紧接着，何允辉支部书记讲课，掌声不断，笑声不断。中午12点到了，全场以热烈的掌声欢迎何书记继续讲下去。原来只安排半小时的讲座，却延续了一个多小时。

我特别喜欢看贺雪峰老师的文章，他每年都安排一个月以上的时间驻扎农村调研，因此接地气。所以建议，不到农村的，少做报告。

有的支部书记平时住在县里、市里，偶尔回到乡里、村里，也不在田间地头、农民家里，主要在会议室里、办公室里，开会填表格写汇报挂牌子。有人因此感慨："乡村干部没有时间做乡村振兴。"没有必要的精益求精，过多的被动应付检查，耗去了太多乡村干部的时间。因此也在一定程度上导致在众多乡村干部中，想干事会干事有时间干事的，少之又少。

今天，我又去了梧桐镇盘富村。路还是那么差，天空还不停地下着雨。但盘富的吸引力如此巨大，容不得我半点的犹豫。他们计划筹建乡村酒店，合作社的核心人物从江苏、三明、福清等地辗转回家，齐聚一堂。几年来，他们始终坚持集中回村议事。盘富的资源一般，即便至今，也没有明显的业态。但从陈进嵩、陈家彬他们身上，我们感受到热情的态度、执着的情怀、不懈的干劲，也因此看到了乡村振兴的方向、乡村振兴的希望。

下午，同安镇西安村的卢胜等来访。卢胜长居厦门，今年密集回家。他接受了我提出的建设新村民部落的理念。最近，屏南县四坪村的"云村民"叫得很响，西安村也想搬用"云村民"的叫法。我觉得不要拾人牙慧，要叫出自己的特色，叫"安村民"。西安有"安"字，安，安静、平安、安身立命，心安理得；此心安处是吾乡，西安，虽是他乡，胜似故乡。卢胜派他侄儿负责组建合作社，整合资源。我也因此看到了乡村振兴的方向、乡村振兴的希望。

实现乡村振兴的第一条道路是城乡融合，其中吸引市民来当农民是重要内容。有人认为，市民当农民才是新村民。按照潘征会长理解，老村民有了新思想新举措新面貌，也是新村民。建设新村民部落，要从老村民做起，尤其是在外地的老村民。

你自己都不回家，还指望别人到你家？

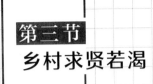

第三节
乡村求贤若渴

永泰需要阿雄

2017 年 10 月 28 日

阿雄本名陈俊雄是厦门院前村济生缘合作社发起人、社长,在华大讲座的翌日,我去拜访了他。

阿雄笑容可掬,满面春风,一看就知是率直爽快、干练努力的人。果然,一落座,他就滔滔不绝地讲述自己的亲身经历、甜酸苦辣、体会感悟。话语之间,充满了自信,激荡着喜悦。

不上四十的阿雄是个大名人,他聚拢了十几个村里的"小混混",在不到两年的时间里,把原本破破烂烂的"垃圾村",逆袭成游客如织的"聚宝盆",创建了城市菜地、凤梨酥观光工厂、农家餐厅等,完成了从"空壳村"到"共同缔造典范村"的美丽蜕变。村庄不仅吸引了约 25 万名的休闲游客,更迎来了 4 位党和国家领导人,以及 200 多位正厅级以上领导干部。

一路上,我们遇到不少村民,都亲切地与阿雄打招呼,脸上都洋溢着幸福。最多的是学生,一概井然有序、群情激昂。导游全是村民,那么自然成熟、专业自如。员工也几乎都是村民,每人每月可有五六千元收入。

阿雄原有一个蒸蒸日上的企业,然而他放弃眼前的利益,费尽心思组建合作社。合作社原始资金只有 80 万元,现在价值已超千万元。阿雄只分掉本金，增值的部分全投入扩大再生产。村民不仅收入增加了，而且都变得文明起来，爱学习，擅劳动，善沟通，懂奉献。管理企业比管理社员容易，但做合作社更有成就感，更有归属感。

阿雄提出一个口号："我们变了，村庄就变了。"他认为，每一个敢从小城市到大城市工作的年轻人，都是一名勇者；每一个甘愿从大城市回来建设家乡的年轻人，都是一名善者；而勇者、善者可以建设家园，可以留住乡愁。

半天拜访，收获满满。在坐动车回县的路上，我陷入了深思。

我反复温习那三句话：没有文化的支撑是走不远的，没有村民的参与是走不稳的，没有"大咖"的助推是走不快的。传统乡土文化的重要性，就不赘述了；合作社是农村复兴快速便捷行之有效的途径，已毋庸置疑；而这个"大咖"如果是生于斯长于斯的乡亲，那推动的力量定会增长百倍千倍。

永泰有很好的资源，资金也可运作，唯独缺乏推手。在我们还没有阿雄这种乡亲的时候，就应该想尽办法引进"阿雄"，再复制本土的几十上百个阿雄。那时，不苦乡村不兴，旅游不旺。

要领会温铁军的可以颠覆传统思维的思想

2018 年 2 月 6 日

2月5日上午，永泰县举行乡村振兴研究院揭牌暨首期乡村振兴大讲堂开讲活动，随后，许多媒体铺天盖地地进行了报道。这些大都是常规性的新闻报道，却忽略了温铁军教授鞭辟入里的分析，石破天惊的观点。

我们不仅要关注温铁军的活动，更要领会他的可以颠覆传统思维的思想。我整理了温教授的演讲，尽管只是一鳞半爪，但相信阅之不无裨益。

昨天，中央一号文件刚刚公布；今天，永泰县就举行乡村振兴研究院揭牌仪式，抢了全国的头彩。

农业不是资本化的农业，而是生态化本土化的农业。40 亩至 200 亩是生态化农庄的最佳规模。永泰拥有多样性的地理资源，农业产业化固然受限但拥有生态优势，适宜发展小农经济，要发展创新农业、立体农业、体验农业。实施零污染生产生活，保护我们赖以生存的土地。

乡村振兴是"一把手工程"，五级党委书记负责抓基层党建，是党的各项方针政策得以实施的重要保证。乡村振兴是中华民族伟大复兴的基础。党的政策是广大基层干群创造的，是基层的创新和对过去的发展。

农业是历史传承，乡风文明要三治合一——德治、法治、自治，要侧重于德治。要和风细雨地充实乡土文化，修族谱、编村志等都不是一件小事。要引领地方精英保护生物多样性，保护文化多样性。乡村振兴的关键是文化复兴。

永泰要学习武汉市"黄金二十条"，开展"三乡运动"——"市民下乡""贤能回乡""产业兴乡"；要培养新农民，这种新农民就是中产阶级，中国有着比美国、西欧更多的中产阶级，这是乡村振兴的中坚力量。十万榕民下樟溪，如果有十万的福州市民来永泰当农民，永泰何愁不发展？引进一个市民就是引进一个网络化的社会资源。有关部门一定要为市民下乡当农民提供方便。

我现在是永泰村民了，这个荣誉非常有意义，我会为永泰多做一些事情。

孙君，你能来永泰吗？

2018 年 5 月 15 日

我为永泰县引进了李建军、温铁军等专家，如果能够再引进孙君，那就"三军"齐全，够威够力。

去年 6 月底，我在贵州省台江县遇到仰慕已久的孙君。我们畅谈了半个多小时，我又聆听了他四五十分钟的讲座。讲实在话，真的是让我醍醐灌顶，茅塞顿开。回县后，我写了一篇考察报告，题目很长：《永泰不需要高谈阔论的大师，也不需要束之高阁的规划，而是需要身体力行的乡建人》。希望永泰有策划、规划、设计、施工、经营一条龙服务的乡建人，记得孙君转发了我的这篇报告。从此以后，孙君的"把农村建得更像农村"的思想根植我的心中。

之后，我时刻关注孙君的文章，把孙君、温铁军等专家的观点，结合自己平时的思考，编成了《乡村振兴十句口诀》："小而美，多元化；是修复，非打造；多样化，不复制；逆城市，隐现代；轻设计，重回忆；有文化，最关键；年轻人，要回家；变市民，为农民；熟人圈，首自治；三句话，要记牢。"配以永泰县鲜活的例子，到处讲课（详见 P128）。

最近，有人送了《给我三个春天》这本书给我，正是孙君所著。我一翻就爱不释手，恨不得一气卒读。从书中，我感受到孙君的率真、执着、智慧、艰辛、可爱、风趣、伟大。当看到大爱的孙君身无分文的窘境时，我不禁鼻子发酸；当看到真诚的孙君说动村民时，我不禁热泪盈眶。不怕笑话，我多次流泪。我老婆一边窃笑，一边递来纸巾；待我放下书时，她就抢过书看，分明受到了感染。

没有文化，没有信仰，是办不成大事好事的。当堰河村茶坛建得很差时，孙君写道：

　　我找到魏工头，不客气地说："你知道天坛、地坛吗？"他点点头。我说："茶坛是你们村的天坛，也是地坛。你为天为地在做事，你能马虎吗？你能有这个机会来做五山茶坛，那是你一生中的幸事，你知道吗？"

　　我声音很大，是有意让其他人也知道。他们的眼睛告诉我，他们听懂了：那是为天神做事，为地神服务。一定要认真，活要细。我要他们都知道茶坛不是一般的盖房子、盖猪栏。知情才能明理。这是我一贯的手法，就是叫人口服心服。

　　我的话没有说完，就看到有人伸舌头，有人在重新摆放手中的石块。魏工头大声说道："我知道了！"我想这以后我基本上不用担心施工的质量了。

　　垃圾分类是比登天还难的事情。2014年，我在广州挂职时，写了一篇文章：《广州垃圾分类值得借鉴》。《福州日报》予以刊登。其实，那只是宣传，离"不落地，有分类"还有十万八千里呢。而在2003年，孙君就在偏僻的堰河村不可思议地倡导垃圾分类，而且居然取得了成功。请看他怎么与村民对话：

　　有人问，做卫生和不扔垃圾真的能致富吗？我对大家说："不能！可是村庄这么脏就一定不可能致富！现在城里到处缺水，水比牛奶还贵，甚至连氧气都要卖二三十元一小袋，你们想以后花钱买吗？

　　"是啊，你们这里多好、多美。如果河清见底了，山上有鸟了，小燕子回家了，大家不随地吐痰了，卫生了，干净了，城里人就爱来了，有人就有生意了呀！

　　"家家门不用关，东西丢了不用怕。这里人都很孝顺老人，一家有难大家都来帮忙，每天吃饭能聚在一起，一边吃一边聊天。永远不会退休，一工一农赛过富农，你们可以有两个孩子……这些都是城里人的梦想，也是城里人想来我们这儿的原因。

"你们的父辈在二十五年前曾把一个田园般的堰河交给你们，你们再看看现在的堰河！"

不久后，村民会说：你这娃子怎么和城里人一样，垃圾到处乱扔！村干部说：垃圾分类就是招商引资。堰河村成了全省全国的示范村。建好茶坛为天神做事，为地神服务；而垃圾分类就是孙君这个"神"的感召，"神"的指引。

建设农村最需要什么？孙君告诉我们是"新干部"。永泰乡村振兴也最缺新干部。我们资源不缺，资金不缺，机遇不缺，独缺懂得建设农村的干部。前几年，我们提出"一白遮百丑"建设思路，把历史的肌理刷没了，把乡村的个性刷没了，把永泰刷成了白宫。穿着斗笠蓑衣从白宫进出真是滑稽！当今，诸如此类的愚蠢丑陋之事还在不断重演。

建茶坛、垃圾分类看似小事，却成就了大事。孙君说，大事要从小事做，从身边做，从生活方式、行为方式和生产方式入手。

孙君提醒，现在发达国家的农村其实就是我们三四十年前农村的样子。是啊，记得那时，水质好，空气清新，食品安全，人们直接到河里挑水饮用。天呐！这些年，我们都做了什么？！

孙君还说，在任何一个乡村项目点上，我都不敢轻易地做规划、建设，不敢随意地栽树、建坝、修路，更不会在石头上请书法家刻字。因为我知道这里的每一块土壤、每一处植被、每一个堰塘都有独立的生命，不同的"血型"、生活习惯与个性，我们必须尊重它；如果我们违背了它的意愿，它就会反抗我们，这种反抗有时是很残酷的。

世上四大文明的发源地，几千年来一个个衰败，都是我们人类自作聪明的"杰作"。人类不能太自以为是，不要以科学与技术为万能，更不能把沉重的历史视为传说。决不能！

"有病者事竟成"。林正碌是"神经病"，孙君也是"神经病"；乡村振兴关键在人，关键在有"神经病"的人。给我三个春天，我就还你一个"春天"。孙君用三年时间，完成了闻名全国的堰河作品。永泰县的乡村振兴春天已至；孙君，你能来永泰吗？希望你给永泰春花烂漫、春意盎然的春天。

何允辉给我的四点启示

2019 年 6 月 6 日

何允辉是中国十大乡村振兴示范村浙江何斯路村的支部书记，6 月 4 日晚上至 6 日中午，我有幸聆听了他的两场讲座，与之深谈了两个夤夜，真的深受感动，深受启发。

他有实力，有情怀，有体力，有智慧，有远见。薰衣草、曲酒节、功德银行、晨读、修建祠堂、发动捐款、筹集资金，等等，无不体现了他高超的运营能力，高尚的情操。他的每一个故事，都让我在开怀大笑、热烈鼓掌之余，陷入了深深的沉思。

他说他曾累计带 500 多个孩子周游祖国。有一次，在北京一酒店吃完饭后，孩子们习惯地把碗碟集中在洗碗架上。一位阿姨看见，就问："你们是新加坡的吗？"得到否定的回答后，又问："那你们是台湾的吗？"她没想到这些文明的孩子来自浙江深山的一个小村庄。

何允辉羡慕永泰资源太好了，说比何斯路村好得太多，又直言不讳地指出永泰发展得真的不够好，还把对永泰的建议和盘托出。

何允辉的感人事迹在网络上铺天盖地、比比皆是，我不赘述了，就说几点体会。

1. **永泰需要"大咖"**。永泰地理位置、交通条件、自然环境、历史遗存，包括领导重视、资金投入等都很好，为何没有示范村、网红村？缺的就是"大咖"，这些"大咖"可以引进，更应该本地培植。

2. **学习容忍名人**。何允辉火线入党、"大权独揽"、四处"晃荡"。如果位置比他高的人无法忍受，见不得别人的好，如果没有宽容土地的孕育，何允辉必被扼杀在摇篮之中。

3. **激发内生动力**。如今，有的村捡了芝麻丢了西瓜，一掷千金，热衷建立竿见影的基础设施，对能调动村民积极性、发挥资源经济效益的这些可持续发展的要事，却很少涉及，如组建村投公司，组织村民培训等，大多漠然处之。

4. **眼光必须长远**。文化是更基本、更深沉、更持久的力量，乡村振兴的希望寄托在青少年身上，急功近利要不得。何斯路村有自小培养的文明的孩子，一定会走得很远。

博鳌很热闹，我们需冷静

2019 年 11 月 13 日

博鳌文创论坛连开 4 天，百名"大咖"齐聚发声，三千精英碰撞共振。我身临轰轰烈烈、浩浩荡荡的思想海洋，不写点东西，实在无法交代。

下飞机一上高速，我发现海南的两车道限速 120 公里。福建省是 100 公里，突然间会穿插 80 公里的，令人猝不及防，扣分罚款。想起云南喜林苑是国保文物，改造成了精品酒店。这在福建是想都不敢想的事情。

11 月 9 日至 11 日，SMART 度假产业智慧平台联手清华大学文化创意发展研究院，在博鳌亚洲论坛国际会议中心举办首届大文创类年度盛会，共同启动行业共振，探讨文旅文创、乡创文创融合的可能。

自鸣得意的我在巨大的屏幕前，介绍了"中国家文化栖息地——永泰庄寨"，全国人民代表大会教育科学文化卫生委员会主任委员柳斌杰等400多位VIP为永泰庄寨精美的照片所吸引，频频举机拍照。事后，许多人来到我们的桌前，咨询详情，添加朋友。中国探险协会会长韩勃当即表示要来永泰考察建基地。月溪花渡图书馆作为福建省唯一的代表入选中国乡创地图，也让我们一阵欣喜。

最有收获的是广泛而深入的经验交流、思想碰撞。"最懂农村唯孙君"，孙君作为县长论坛第一指导老师也来到博鳌，我有幸再次与之长谈。孙君主导的"绿十字"正和中办、人民日报共同探索乡村振兴的新模式，主要是探索如何激发内生动力。他对永泰情有独钟，愿意在这块热土上开展实践。

和许多慕名已久的"大咖"一见如故，促膝谈心，我又学到了新理念、新知识、新办法。和盛家园胡林董事长说："农业振兴不了乡村，土地才可以。"几十年前，农村实行联产承包责任制，一文解决了几亿人的温饱问题；土地问题解决了，生产技术随之迎刃而解。如果允许城市居民到农村购房，允许叶落归根、告老还乡，许多农村会迅速火爆。吉奥集团段然董事长说："农业也会赚钱。农业即将进入新时代，口感不变、营养一样的人工食品，会成为新时尚。"田园东方集团创始人兼CEO张诚说："政府保障了企业的正常运营，离开了政府支持，任何企业都生存不了。"

位于偏僻山区的朱家林是山东省首个国家级田园综合体，其核心理念就是不忘乡村初心：不搬迁村民，坚持村民是主角；不圈地售票，坚持开放与共享；不独资经营，坚持平台与共建；不单一发展，坚持多元与共生；不拿来主义，坚持本土和特色；不盲目开发，坚持生长与持续。乡村振兴的初心就是自给自足的小农经济，让农民平平常常地安居乐业——如此才是人们心中的乡情，精神的殿堂。

农村的创业、创新、创意十分重要。清华大学胡钰教授认为：人文管方向，科技管方法；没有创意的文化是重复的，没有文化的创意是单薄的；没有科技的文化是边缘的，没有文化的科技是乏味的；没有文化的生活是无趣的，没有生活的文化是无力的。他的一句话"为什么我看似年轻，因为我做文创"得到了满堂掌声。

中国扶贫基金会秘书长刘文奎从事扶贫工作十九年，前期无论采取什么方式，都以失败告终；最近几年创办村宿，才走出一条成功之路。村宿不同于民宿，是因为它属于村集体合作社，资金由基金会捐献，田房由合作社提供，运营交由专业队伍，三方联合，整合资源。综观成功案例，无不成立合作社；合作社是乡村振兴的重要抓手。

遇见了老朋友墟里小熊。墟里再次"双喜临门"，"墟里·徐岙底"被列入2019年度"中国乡创地图"乡村振兴创新示范村、"黄河宿集·墟里"荣获2019年中国民宿榜TOP1。另外，墟里还代表徐岙底村所在的泰顺县领取了全国仅有十席的"乡村振兴产业创新实践示范县"荣誉大奖。我不禁感慨万千。2017年国庆期间，小熊来永泰考察，看中竹头寨，但最终没有签约。小小小熊，大大能耐，如果落地永泰，这三个奖项也许就属于永泰。

博鳌论坛博大精深，错综复杂；我只触摸其冰山一角，就让我思绪翻滚，反复思考。我们谈文化不要孤芳自赏，不要固步自封，而要善于与别人碰撞交流融合。唯有既穿越时间又穿越空间，自身普遍存在别人却无此物的文化，才能引领文旅发展。明年是美丽乡村收官之年，是脱贫攻坚收官之年，也是乡村振兴开始之年。大批资金如约而至，我们准备好了吗？但愿不忘初心，不搞形式主义。一个村部已经挂了几十个机构的牌子，各种的规章制度已多得无处可摆，可以不再增加吗？

小熊告诉你如何运营乡村生活

2021 年 11 月 8 日

今年首次离开福州。去哪里？徐岙底。

因为那里有著名的墟里小熊。

之前，我四次遇见小熊，每次都被她的真诚、睿智、坚强所打动。6 日，我们聊了 1 个多小时；7 日，我们聊了 4 个多小时。我深感震撼和敬佩。

1. 最打动人的是生活。

徐岙底基本上分为四个部分。第一部分是民宿，小熊投资 3000 万元，改造了 10 栋高端民宿，这部分是要赚钱的。整栋出租，最便宜的 2500 元，最贵的 6000 元。第二部分是博物馆，公益的，不赚钱，把 800 多年古村的历史文化和民俗风情展示出来。第三部分也不赚钱，小熊专门保留 10 位原住民在村里居住，该晒谷就晒谷，该生火就生火。小熊说："村里的老人对我很重要，到饭点炊烟就升起来了，有时候晒晒红薯干，这些都不需要我的员工去扮演……"从远方过来的客人，不仅要住有特色、很舒适的民宿，更要体验原汁原味的乡村生活。归根结底，农村最打动人的是生活。有了前三部分，第四部分要赚大钱，就是建设新村民部落，吸引一线城市不同类型的艺术家入住。

小熊多次强调，她不是民宿的运营者，而是乡村生活的运营者，以及未来乡村社区的营造者。要致力成为新老共处、可持续发展、可深度体验乡村生活及提供手工、研学、展览、农耕体验、艺术创作等文旅活动和教育实践的创新型乡村社区，以及文旅、农旅融合发展的新模式与乡村振兴与社会创新的新样本。

我们都对花钱搞破坏感到十分痛心。而小熊创建了著名的墟里一号、二号，连宁夏中卫、陕西西安都有她闻名遐迩的民宿。但她为了营造乡村社区，大部分时间生活在徐岙底，给团队信心，让村民信赖。小孩也放弃北京的教育资源而留在当地的幼儿园。小熊认为科技在未来可以解决大部分问题，但是人类不可以缺失又越发渴望的是好奇心、想象力、创造力、同理心，对真善美的感知，相信乡村是最好的育人土壤。

今年以来，我和台湾马彦彬院长合作为乡村振兴服务。马院长是位名人，很多人找他，但他不轻易接盘，最多不超过三个。对此他说："多了，就做不好。"

一个人的精力和智慧都是有限的，再大的大师也不能承揽太多业务，否则，只能蜻蜓点水、粗制滥造，破坏了业主的事业，也败坏了自己的名声。

面对疫情，小熊表现得非常淡定。她希望经过疫情，更多人可以觉察到乡村的意义：看到"慢"的价值，看到自然的价值，看到生活有很多可能。

2. 不是为上级好看，而是让村民好过。

我不知道小熊是不是党员，但从她身上我分明感受到为民的高尚情操。

她开展乡村社区运营，就是为了村民得到实实在在的好处。尽管吃了不少苦头，但她依旧认为"没有一个刁民"。农民是弱势群体，几代人才能遇上一次有主张的机会，肯定会紧抓不放。

这个认知确实让我大吃一惊。当下，许多人认为刁民越来越多、越来越蛮。反思一下，农民是这块土地上的主人，我们发展项目，征求农民意见了吗？让农民参与了吗？把利益的大头留给农民了吗？我们避开农民，做得太多、太全、太快。政府在干，农民在看；政府干得越多，农民看得越不高兴。

我和小熊都认同成立合作社具有极其的重要性。乡村振兴第一步也是最重要的一步，就是发动群众整合资源。不发动群众，乡村振兴就没有可能性。没有整合的资源就对接不上资本；对接不上资本的资源就不算是资源。如今，出现了两个极端：一方面，农村资源严重闲置；另一方面，中产阶级有下乡需求，企业资本高度过剩。我们不该顺势而为吗？

组建合作社是非常艰难的，但不因如此就跨越、省略这一步骤。小熊说："宁愿前期多工作，免得以后麻烦多。"我也常说："今天顺序弄乱，今后麻烦不断。"现在的乡村振兴，重视看得见摸得着的硬件建设，办得轰轰烈烈，而基本制度、体制机制等看不见摸不着的软件建设就很少人问津。这样的乡村振兴难以顺利，也不会长久。

为了上级好看，可以只用一年半载就做出样板、铺成摊子，但要警惕样板化变为同质化、铺摊子变成烂摊子。为了群众好过，就必须久久为功，要有政治耐力。

3. 既要激活内力，又要借助外力。

组建合作社并不等于大功告成，但可以让其他事业水到渠成。如果合作社是一级市场，那要再组建二级、三级市场。二级、三级市场是以政府为主体，可以赋予征信，补充人才；可以招商引资，协调金融部门，打通金融下乡的渠道。

4. 金融不下乡，乡村难振兴。

墟里如今成了著名的品牌，许多金融企业纷纷找上门来，希望在信贷改革方面先行先试，进而抢占先机。小熊提出了合作模式：合作社提供资源，金融企业提供资金，墟里负责运营。资源需经交易平台登记，还要进行评估，同时这些资源的经营权作为抵押，贷出利率只有两厘、期限长达二十年的款项。墟里负责策划设计、指导施工，收取 20% 的管理费。三方利润分成比例 3∶4∶3，可根据实际情况浮动调整。

永泰目前还没有一家高端的民宿，更没有拿得出手的乡村社区。如果能够把小熊引进永泰，就一定能够闯出一条乡村振兴的新路子。

希望，我能去徐岙底，小熊来到永泰县。

留坝，我们无法留下，却无比留恋

2018 年 7 月 8 日

7 月 5 日至 8 日，我们到陕西留坝参加"乡村复兴论坛·留坝峰会"；他们的口号是："留坝，留下吧！"我们无法留下，却无比留恋。

一驶入留坝的地界，罕见的绿浪就扑面而来；几十公里的旅程都在漫无边际的绿浪中穿行；偶尔依稀可见民居恭敬地点缀其中，顿时活跃了画面，平添了情趣；山上薄雾缥缈，宛如仙境。大家说有青云山的感觉。我突然想起一些地方乱建坟墓死灰复燃，这是不争的事实；生态不保，优势将失，发展难以为继。想来，十分焦虑痛心。

留坝县城很小，一条主街，从南走到北，也就半个多小时。但这里清爽干净、井然有序，让我们驻足不前，细细品味。很显然，不是突击应对峰会的。放眼望去，没有忙碌不停的环卫工人，没有五步一岗的交通警察，没有铺天盖地的标语，没有花花绿绿的彩旗——似乎并没有因为举办全国性会议而惊慌失措，手忙脚乱。入夜，我们听得见自己呼吸的声音，屋后深山密林里的天籁之音……留坝可能被现代化遗忘了。

有一条老街很有感觉。我们踩在石板路上，仿佛触摸时光的琴键。石板大小、长短不一，不算规整平实，缝隙间长出些许毛茸茸的青草，很是可爱，很接地气。外墙并不统一粉刷，保留了各个时期的符号，我与之对视，就像翻阅一本历史教科书。路边建有水沟，清水汩汩流淌，整条老街因此灵动活现。建议嵩口古镇、新安巷、白云古街也均做边沟。一家书吧令我眼睛一亮，徜徉其中，可感受到文化熏陶。老街因书吧品位倍增，这值得我们借鉴。

总体来说，留坝落后于永泰，距离还不小。而出门考察要看风景，不看垃圾，以期取其之长，补己之短。

下一站，我们永泰。今年 12 月 28 日至 30 日，在漫山遍野的梅花盛放之际，我们将召开中国乡村复兴论坛·永泰庄寨峰会。梅花香里说乡建，永泰庄寨找老家。福建永泰欢迎国内外乡建精英及各界朋友来参观指导、投资兴业。

乡村建设，运营为最

2019 年 4 月 26 日

4 月 25 日、26 日，我们去三瓜公社参观学习。三瓜公社是经政府收储，再交由企业建设经营的。三瓜目前其实只有两瓜，美食村还没建好。模式无法借鉴，看得也不完整，但看完收获还是不少。

三瓜公社按照其总策划师兼总设计师孙君的理念进行建设，尽可能保留了农村自然古朴的味道。外墙并没有统一粉刷，裸墙半穿绿衣，别有韵味。把原来的高墙放矮，墙面不规则，还种树植草。路边空地保留着菜地，修整的菜地有一种令人亲近的美感，仍由农民管护，既有观赏价值又有经济价值，还节省了管理费用。如今，文盲越来越少了，美盲却不见减少，浪费了钱，又破坏了景。

让我收获最大的是和半汤乡学院陈民利院长的一番讨论，整理如下，供大家参考。

1. 运营最重要。设计师不是稀缺资源，企业家才是。企业家要有市场的敏感度和经营理念，要随着市场的千变万化而及时地调整思路。互联网是乡村振兴的重要途径。"三生"必须加上"智慧"才有活力。"公司＋合作社＋农户"是乡村振兴最有效、最可持续的发展模式。要倍加呵护返乡创业的企业家。他们不仅是为了赚钱，也是为了释放某种情怀，成功率更高。要大力扶持有现代理念现代技术的青年企业家，帮助他们组建合作社或村投公司。

2. **运营要前置**。运营要和规划设计同步。规划设计不是以自己的艺术感觉为中心，而是以市场需求为导向，一切为了满足客户需求。培养当地的运营人才至关重要，离开实践的培训于事无益，最好的办法是在本地成立运营公司，边培训边孵化。乡村振兴最需要的是人才，尤其是本地的乡村干部，"大咖"可以为振兴之车点火，但开多远、多稳、多久，得靠自身的本领。

3. **农村不会回到以前**。"把农村建设得更像农村"，这个农村一定不是以前的农村，内涵发生了很大的变化。农民只有从土地中解放出来，才能致富。"农二代"要适应现代社会发展，要重塑思想和技能。村干部只是做农村群众工作的主体，发展现代生产则必须借助外来的力量。农村教育十分重要，如要恢复，就必须高水平高质量地充分发挥农村自然资源教育的优势，品质要超过城市。否则，父母去农村发展，孩子就会逆向被留守城市。规模农业没有错，只是不要急功近利，避免为追求产量而大量使用化肥农药，要充分利用现代机械、现代技能，在保质量的前提下，尽可能多生产农作物。

4. **旅游赚钱得靠产业开发**。旅游赚钱不是单一依靠门票收入，也不是简单的吃住行，而是感动体验。不要一味追求游客量，而要想办法让游客留下来、多来几次，更要推荐亲戚朋友来。这就要求认真挖掘当地独特的传统文化，不断研发新产品，推出新花样，及时迎合游客喜新厌旧的心理特点。

泉州西街为什么那么火？

2019 年 7 月 4 日

刚刚去过泉州西街，那里人声鼎沸，摩肩接踵。而与之一街之隔的中山街却门可罗雀，冷冷清清。中山街也曾热闹非凡，为何如今风光不再？二者均历史悠久，文化底蕴深厚，难分伯仲。为何差别如此之大？笔者走马观花，认为有以下原因。

1. 吃。"民以食为天"，吃是人生第一需要。网购时代，实体店纷纷倒闭，唯饮食店青春不老。中山街以卖服装为主，则难逃被淘汰之命运。厦门曾厝垵也曾追求时尚，做清新小文创。但是文创不能当饭吃，好景不长，不久就改弦易辙，经营小吃。西街小吃居多，且多地方风味小吃，实为人们一日三餐所需，生意始终火热，就可立于不败之地。如果没有做好美食这篇文章，旅游发展就失去了最好的支撑。

2. 人。"见人见物见生活"，这里的"人"就是原住民，这生活是接地气的生活。原住民是一道最亮丽的风景线。泉州西街、松阳古街、上海田子坊、厦门曾厝垵等无一不是保留了原住民。有了原住民，才会保留老字号、老行当、老工艺、老风俗，才有真实自然、原汁原味的生活气息。

3. 设计。泉州西街等地建筑装修充分发挥各个店主的创造性，显得自由张扬，多姿多彩，蔚为风景；而统一规划设计，如果没有深入了解当地的风俗民情，难免落入俗套，味同嚼蜡。我们经常发现，非设计师的设计有时反而更耐看、更实用，因为没有太多的条条框框，没有机械的生搬硬套，它们也更接地气，更具个性化，更有文化内涵。

也许火的原因不是这些，希望得到朋友们批评指正。

九峰村的三点启示

2019 年 8 月 4 日

周末得空，去寿山乡的九峰村和前洋村逛逛。来去匆匆，走马观花，所获信息甚少，所幸领导提供了一些相关资料，才"呻吟"三点启示。

相比前洋，九峰村路程更远（多 7 公里），规模更小，人口也应该更少，但是前洋村难见人影，九峰村则人头攒动。九峰村路边停满了车，溪边挤满了人，酒店商铺正在紧张地忙活着。我认真观察，发现戏水的小孩不少，身旁簇拥着众多家长。

1. 吸引人气，十分重要。

人是第一因素，除了当地人也包括游客，就是人气。一个村庄吸引了小孩子，就吸引了人气，而要想吸引小孩子，有干净的可嬉戏的溪流至关重要。

水即灵气、财气。永泰县有溪流的村庄不少，但水质干净、可以亲近的不多。月洲村桃花溪很漂亮，水质却时好时差，小孩子也没地方嬉戏打闹；即便水质和亲水都可解决，天气也热得令人无法久待。莒溪水面水质以及交通都好，但海拔太低，难逃酷热的侵扰。综合考虑，全县数丹云的溪尾自然村最好，那里完全可以建成孩子们嬉水的欢乐天堂。

没有人气，无论多好的思路，都难以化为现实。何斯路村之所以能成为全国十大乡村振兴示范村，第一步就是引种薰衣草吸引游客，之后免费请游客吃牛肉喝牛汤的举措，也是为了吸引人气。

九峰村村部所在地建设得并不像农村田园，而是更接近城市花园。发展是硬道理，九峰村不仅活起来了，而且火起来了。唯有人气才可成功，唯有成功才敢示范。

2. 传承传统，方保特色。

九峰村既要让大众游客感受城市般的方便舒适，又要让高端游客体验乡村里的农韵乡味。他们要开发千年的九峰禅寺，把南洋、赖婆岭两个自然村打造成田野村庄，把野趣很浓的野人谷开辟为户外健身体验区、探险观光旅游区。

只有当地传统文化才有特色，才有永久的魅力。文创是利用既有的来创造新的。凭空捏造，也许会博得游客的一时新鲜感，但保鲜期不长，且这种东西容易被仿效，东西一多，自然遭到淘汰。

农村的魅力在于生产，更在于生活。"礼失求诸野"，农村根植中华民族文化的基因。我们要发现、重估、输出乡村价值。

3. 村民参与，才可持续。

九峰村 878 位有资格的村民已全部参加了"全员经济合作社"组织，每个村民集资 500 元入股；还募集了 150 万元用于停车场和相关项目的资金。九峰村原来由外来人投资建设的项目和现在开始新投资建设的项目，均通过全员经济合作社这个平台运作，全员合作社只赚不赔。

农民是乡村振兴的主体，农民只有参与其中，才有主人翁的欢愉感和珍惜荣誉的责任感。激发农村内生动力，是乡村振兴最根本、最直接、最有效也最可持续的途径。

目前，我们帮助赤岸、盘富、芹草等村组建全员经济合作社，得到了乡贤们的响应，也得到了村民的支持。希望更多的村不只关注基础设施建设，更要把精力放在组建村庄治理的体制上。

龙潭：景美，只能看几眼；人好，才可处一世

2019 年 11 月 17 日

10 月 11 日，我随省政协、民革福建省委领导到屏南县考察。这是我第四次到屏南县了，但仍有不少新发现、新感悟。

1. 人是最美的风景。

在龙潭村，我遇见两位老外，都是美国人，一位来自纽约，一位来自洛杉矶。他们吹拉弹唱，载歌载舞，纵情欢乐，已经住下七个星期了。他们表示："有可能永居于此。龙潭很美，但不是留下来的原因，留下来主要因为这里人好。"景美，只能看几眼；人好，才可处一世。

人不仅是最美的风景，也是第一生产力。龙潭无疑是成功的，在短时间内，常住人口由不足 200 人增至 600 多人，其中有来自世界各地的新移民 100 多人。为什么他们会选择偏僻的山村聚集而居？因为有一个浑身散发诱惑力的林正碌。为什么林正碌会落户龙潭？因为那里有一个文化守护者周芬芳。一个人，会温暖一座城；一个人，会带动一个县。

2. 文化是最好的商品。

龙潭、四坪两地"大红灯笼高高挂"的场景随处可见。前几年，这里的柿子无人问津，烂在树上。今年，已卖出了三四万斤。柿子被赋予了文化，有了温度，有了人情味，畅销四方。

产业兴旺虽然排在首位，但我认为不能引领乡村振兴。中国人口占世界人口的 18.5%，而所有的农产品都占 40% 以上。发展传统产业，做什么亏什么，做越多亏越多。我们提出以文化引领乡村振兴

的思路，获得了温铁军教授的支持和李德金省长的肯定。如果一定要突出产业，那一定是文化产业，或者是赋予文化的传统产业。

3. 农民是最强的动力。

龙潭有一条小溪穿村而过，民房聚集在小溪两旁。如何保持水质不受污染，无疑是对管理者巨大的考验。这里的溪水里没有生活垃圾，小溪始终干干净净地奔流着。农民已经改掉了在溪里洗衣服的习惯，而且人人都是卫生员与管理员。

前汾溪村利用林业站，建成一座研学基地。基地与村民生产生活息息相关，展览馆里有旧小学的前世今生，有村庄的风俗民情，有村民笑脸拼成的油画，等等。这座研学基地不仅深受村民的喜爱，也深得村民的支持。

乡村振兴的主体是农民，组建合作社就是发动村民参与振兴的有效途径，但目前有人对合作社不理解、不重视。据了解，明年的一号文件，将对组建合作社给予顶层设计和强调部署。到时群众醒悟过来，也为时不迟。

4. 创意是最广的前景。

屏南县以文创复活乡村，走出了一条独辟蹊径的乡村振兴之路。自然救不了乡村——非洲风光倒是美，人民却穷。工业化冲击了农业，智能化即将冲击工业。工业解放了农民，智能可解放工人。解放后的人，人人可当艺术家。我们身处的山区，不利于发展农业，也不利于发展工业。但重峦叠嶂的山和弯弯曲曲的水，可以激发人们无穷的灵感，穿越千山万水，助力人们创造出最先进、最有诗意的产品。

旅游不是追求游客量

2019 年 11 月 5 日

云南是旅游大省。最早出名的是西双版纳，然后是丽江、大理，而腾冲异军突起，有后来居上之势。腾冲有着得天独厚的资源优势，是我们无可比拟的。但是，他们的一些做法却值得我们借鉴。

1.**不追求游客数量，只希望游客留下来。**腾冲年游客量只有100 多万人次，但旅游收入高居全国前列。游客来腾冲不是快餐式的旅游，而是度假、旅居、养生这种沉浸式的体验。一人消费等于一百人乃至一千人、一万人消费。所以，我们不要太看重游客量，甚至要控制一日游、半日游。一日游只会留下生活垃圾、交通拥堵，留下走马看花的肤浅认识和背离事实的负面宣传。

2.**放开拆旧翻新，控制层高风格。**在和顺古镇，随处可见拆旧翻新的房子和工地。全镇只许建两层半，砖木材料，斜黑瓦屋顶；其风貌基本上没有突兀、不和谐的地方。而嵩口古镇对此监管不力，镇政府就被高楼淹没；因新建房屋与乡村风貌格格不入，许多乡村被破坏而面目全非。

3.**不要沉湎于历史，而要注重于实用。**腾冲仅和顺古镇就有600 多家民宿，而且还在快速发展。这些民宿均依托丰富的古镇资源和活跃的玉石市场。而且 99% 是外地人创办的，99% 是拆旧翻新的。外地人向本地人租老房子，租金高低不一，付款方式各异；租期都是二十年，租期一到，除可移动外，其余全部归属房主。拆旧翻新的好处是可以解决老房子的消防、隔音、潮湿等问题，更关键的是可以隔断与房主的联系，避免纠纷。在老房子出租装修中，我们经常遇到房主不让建厕所、不让拆灶台的情况，装修尚且受到阻挠，遑论以后经营？

以上，我们也可看出，民宿可以不和民居、民俗融合，但要和整体的资源融合，和当地的产业融合，归根结底，就是和市场融合。

在南岩，我找到了乡村振兴的希望

2021 年 1 月 21 日

我去过一次南岩村，也写了一篇 2000 多字的文章；但是，文章写得草率，观察不细致；至于全面系统深刻，就更谈不上了。虽然时过多日，但我对南岩现象的思考愈来愈强烈，所以进行修改补充提升。其实，即使再写两篇，也不足以把南岩现象写全写透，它值得我一直思考、书写、实践。

在刚刚结束的中央农村工作会议中，习近平总书记再次强调了"三农"工作在全民族全国全党工作中的重要性，要求大家深刻理解"三农"问题，认识到全面建设社会主义现代化国家，实现中华民族伟大复兴最艰巨最繁重的任务依旧在农村，最广泛最深厚的基础依旧在农村。既要坚决守住脱贫攻坚成果，又要做好巩固拓展脱贫攻坚成果，同乡村振兴有效衔接。要求主要领导把主要精力放在"三农"工作上。

句句箴言，字字警示，发人深省。福安市南岩村可以解答人们的疑惑，可以找到乡村振兴的希望。南岩村是住建厅一级巡视员、省乡村振兴研究会副会长王胜熙的家乡。他知道我们到访，特意推迟回城，留在老家南岩村，亲自为我们辅导。我们深受感动，深受启发。

福安市南岩村被誉为"闽东古建筑博物馆"，现留有清代古民居建筑大房屋 9 座，其中 6 座雕刻景观独特，值得观赏。特别是有牌匾、围联、联板相配套的大房屋，在当今乡村是少见的。村落中有王氏宗祠、古井、千年古树，还有丰富的古建遗存、革命遗址和高海拔天然避暑环境。

永泰到南岩有 3 个多小时的路程。午饭后，村第一支部书记吴木生带我们转了两个多小时。吴书记是镇经管站站长，担任第一书记已经六年了，他对农村政策、南岩村情、发展思路，可以说了如指掌，如数家珍；对我们的提问，总是不厌其烦地解答，理论和案例相结合，深入浅出，通俗易懂。三点半，花甲之年的王厅长亲自讲解全员合作社制度。以前，我已多次在不同场合听过，但在正式的课堂上，还是初次享受。他作为一个在职的正厅级领导，竟说得如此详细具体，如此接地气、贴实际，我始料未及。

1. 乡村需要勇于探索、敢于实践的领导。

王厅长在帮助九峰村、半山村组建全员合作社后，要为自己的老家组建。去年，他每月回两三次家。福州到他家两个半小时，自己开车，周五晚上到家。先走访调查后，周六晚上召集开会。会议开得很长，最早 12 点结束，有时到凌晨两三点。周日晚上回福州。一年下来，大会小会开了 60 多场。王厅长认为，会议是宣传政策、了解民意、凝聚人心、达成共识的最好平台。

王厅长在厅里的、研究会的事情还有一大堆。但他热爱农村，情系农村。他不是夸夸其谈、颐指气使；不是考察十分钟、指导半小时，还要形成责任清单的那种高高在上的走马观花。而是亲力亲为——亲自对接政策依据，掌握社情民意，起草规章制度，观察实施效果。

因为亲力亲为，所以深刻生动。我们茅塞顿开，感到心灵的震撼，感到肩上的责任。一个人会带动一个城。王胜熙、林上斗、赖文达、游祖勇都是厅级领导，都带动了几个村。我不知道，福建全省有多少厅级领导，可以肯定，是三个的几百倍。如果这三个变成三十个、三百个，那福建乡村振兴之路就可以走得更直一些，更宽一些，更快一些。我们有理由相信，南岩经验会推广全省，南岩村会引领带动乡村发展。

很多人喜欢讲，乡村振兴，人的因素最重要。会讲这种话的人不是一般的人。不一般的人都能找到自己在乡村振兴中的位置吗？我看未必，太多人喜欢当旁观者当评论家，坐而论道，口中念念有词，手上指指点点，就是不敢撸起袖子真干实干。乡村振兴需要勇于探索敢于实践，需要从领导干部做起。

2. 合作社是乡村振兴的灵丹妙药，是巩固拓展脱贫攻坚成果的有效保障。

通过一年的艰巨的努力，南岩村的合作社已经走上良性发展的轨道了，有三个标志：

第一，吸引了 90% 多的村民入社。每个村民缴费 200 元，就可以成为合作社的股东。只要村民投钱了，哪怕只有 50 元，村民也会关注它，珍惜它，就可以与合作社共生共荣共发展。否则，合作社就算面临生死存亡，灰飞烟灭，村民也只会冷眼旁观。

第二，整合了资源，包括经营权。经过近半年运作，经营性资产增加了 300 多万元，2020 年利润 50 多万元。大部分山林田园房流转到合作社麾下。五家民宿统一经营，避免了恶性竞争和宰客现象发生。资源整合了，才有可能变资金；经营权整合了，经营者才会专心。

第三，社会管理效力大大提升。譬如，垃圾不落地已蔚然成风。我就遇见一个村干部弯腰随手捡起毫不起眼的包装袋。全村每月就花 2000 元，雇请一人转运垃圾。实行 150 分绩效考评制度，与社员年度净收益分红挂钩。有个村花了不少钱，做人居环境建设，媒体铺天盖地地宣传，领导纷至沓来地参观；结果所在镇政府遭殃了，每次领导来都要花一笔钱，请人做卫生。请问：连卫生都不会做的村两委、村民，还会做乡村振兴吗？

如今，人们热衷于看得见摸得着的硬件，而漠视看不见摸不着的软件。硬件可以立竿见影，可以展示政绩，甚至可以从中牟利；软件可以发动村民参与、调动内生动力、建立长效机制。硬件必须依靠软件来运营。如果没有配以软件运营，硬件刚开始可能满眼美好，结果只能是一地鸡毛。乡村振兴分为策划、规划、设计、施工、软件建设、项目运营，前面几项都应该为运营量身定做。所以，运营必须前置，否则，规划就会成一纸空文，工程就会成一堆垃圾。没有软件的乡村振兴，即使振兴了，也不会长久。

合作社就是一个软件，或者说，包含所有软件的软件。2018年，我提出要村村组建合作社，遭到了批评，并且是很严厉的批评。2019年中央一号文件明确提出要推行新型的经营主体，就是农民合作社和家庭农场。我才如释重负。我们讲的合作社，是全员的综合的集体的合作社，不是原来那种有去无回地套取国家资金、既没有壮大自身企业也没有带动乡村发展的单一合作社，更不是那种村村都高高悬挂牌子也只挂牌子的所谓经济联合社。

说起牌子，很多村都蔚为壮观，一个只有五个主干的村居然挂了六十九个牌子，其中有"心理咨询室"。这还不够，为了应付乡村振兴考核过关，还要再挂三十几个牌子。另外还有一百多面的各种展牌，多得无处可挂，验收来了，只得轮流上阵。有的村乡风文明建设就是花几十万元做一个宣传栏，名曰乡风文明建设，实则破坏乡风文明。这种严重的形式主义，不是软件，根本无助于乡村振兴。

组建合作社的好处如下四点：

第一，能够让农民真正成为乡村振兴的主体。以前，我的生产队每年八月二十三都要修路，因地广人稀，前后要花三天时间。那时，男女老少齐上阵，欢声笑语充斥全过程。如今，水泥路修到家门口，垃圾桶放在家门口。连在硬路上打扫一下，都叫不动群众，垃圾桶倒了，也无人扶起……为什么政府做得越多，群众离政府越远呢？

第二，可以整合资源，打通乡村资源与资本市场对接的通道。统一村民的思想、行动，对内强化全体村民经营行为的规范自律管理，对外作为唯一项目的发展平台。村民思想、行动统一，就是最好的资源。

第三，可在农民和外来投资者之间建起一道"防火墙"，彻底解决毁约率居高不下的尴尬局面，可以保住村民平等权益。当然，只有合作社还远远不够，那只是一级市场。还需要政府和村民联动。那就要组建孙君的村投和温铁军的三级市场。

第四，可实现收益的平均分配，实现共同富裕。合作社，尤其是集体全员合作社，以村集体成员为基本单元。在南岩村，只要你是集体成员，都会享有作为集体成员的分红权，享有村集体使用权、收益权的资产和个人资产也可以入股到合作社，增加分红收益。再由合作社统一管理运营，真正做到沉睡的固定资产有效转化为经营性资产。作为资产的所有者或者使用者，自然也就有了收益。这一制度设计，也真正为全民富裕打下了基础，直白点说就是："集体富了，村民也就跟着富了。"

3. 乡村振兴需要久久为功的政治耐力。

李昌平说，未来村（可振兴的村）只有 30%。王胜熙说，可振兴的村只有 40%。永泰条件好一点，但也不会超过 50%。乡村振兴全覆盖大可不必，会劳民伤财。

药虽好用，要拿到药，药到病除，却是历经千辛万苦。农村工作最复杂，统一村民思想最艰难。南岩村的合作社组建耗费了一年多的时间。乡村振兴务久久为功，勿好大喜功。急功近利是乡村振兴的大敌，急功近利又不学无术是乡村振兴的大大敌。

　　浙江省何斯路村的支部书记何允辉有思路，能实践，会总结。他曾说过，乡村振兴不是比谁跑得快，而是比谁最后赢。想通过修一个广场、办一场活动就实现乡村振兴，那是万万不可能的。许多地方一掷几十万元、几百万元做农民丰收节，雇专车，把城里人拉到农村，吃沙拉，玩时装，吃好喝好还要带好，然后，拍拍屁股走了。因被清场，农民只可远观；等城市人走后，农民只有打扫垃圾的份儿。这哪里是农民的丰收节？分明是市民的揩油节，某人的赚钱节！农民丰收节就要做到：农民主体，厉行节约，返璞归真，忆苦思甜，城乡融合，注重实效。把劳动当成快乐，把流汗当作享受，让城市人为农民办实事办好事。

　　花钱搞破坏不在少数，如砍掉李树种玉兰，罔顾实际功用和后期管理，令人痛心、哭笑不得；居然还有一个美丽的名字——"美丽乡村"。毁田做公园屡见不鲜。农村最漂亮的是田园风光和人间烟火，这个田在我们福建就是稻田。稻田有错落有致之美，四季变幻之美，劳动场景之美。种稻可以恢复生产，保护生态，延续生活，拯救生命——没有了稻田的农村还有风光吗？有人喜欢把原住民赶跑，没有农民的村庄还是农村吗？不是农村还需振兴吗？

　　乡村振兴从教育入手。前面讲过何允辉书记带小学生到北京游学的例子。南岩村办了六期研学，一个学生研学三天后回家，突然向母亲道歉。他的母亲大吃一惊，不知出了什么"问题"。传统文化教育让孩子懂廉耻知礼节。我亲身经历，编族谱、修宗祠最能够凝聚人心，无须开大会部署、发文件强调。族人把做贡献当作责任和荣耀，争先恐后，勇往直前。这种强大的力量如能引入乡村振兴，何事不成？举办研学，可以城乡融合，把城市的资源引入乡村，把乡村的文化输向城市。每当在两会上听到校长和老师呼吁要加大对教育的投入，我就接过话题："这个投入也包含老师的情感投入。"

社会发展突飞猛进，一日千里。一日不学习，就会落后；一月不学习，就被淘汰。负责新闻后期宣传的童老师说过，领导干部要学会运用移动媒体，占领自媒体新媒体的主战场。移动媒体就是手机。王胜熙厅长年纪不小了，但他学会了发抖音。他告诉我，经常有浙江人来南岩村，一问，才知道是看了他的抖音过来的。有的领导干部排斥新媒体，这就失去了很大的宣传平台。

堰河村、郝堂村、半山村、南岩村、院前社，等等，乡村振兴均从捡垃圾开始。如果产业不明显，景点不突出，那就比制度建设，比乡风文明。一个人人讲文明、做好事的村庄，即使资源匮乏，也魅力四射。在全民招商引资的时代，不妨也试试招"善"引资。

最近，我突发奇想，要收集1000个乡村振兴案例，大部分是成功案例，也应该有失败案例。大到县域经验，小到一个无水马桶，最好的肥料不能付之水流。这些案例很直观，是看得见、听得懂、学得来的。我想，真正想乡村振兴的人应该不会拒绝。1000个，工程量巨大，呼吁更多人参与进来。这样就有了最好的教材，研学、乡村振兴大讲堂就能够办起来。这个地点就放在永泰，面向全省全国。

民族要复兴，乡村必振兴。乡村天地无比广阔，大有作为。王厅长说："你们永泰的条件不知比南岩好多少倍，我们能做好，你们有什么理由不做好？"南岩村有山没地，有树没林，还严重缺水。"交通区位是第一风水。"永泰县许多条件得天独厚，是省级乡村振兴示范县。温铁军教授曾向省领导提出，把永泰建成以文化引领乡村振兴的试验区，得到了认可。永泰县的乡村振兴应该走在全省前头。走在前头，需要不忘初心，脚踏实地，真抓实干。这个初心不是让哪个人高兴，而是让群众有获得感、幸福感。初心不改，方向就对，振兴必成。

一些村表面上非常光鲜，实际上举步维艰：获得荣誉一大排，振兴迹象看不见。南岩虽小，但探索深刻，涉及面广，经验丰富。可以说，他们深刻领会了中央的精神，灵活运用了农村工作方法，找到了一条可持续发展之路。

短短一文，不足细述。希望更多人关注南岩村，学习南岩经验，运用南岩模式。

永泰、仙游、永春可以连成一线吗？

2022 年 1 月 8 日

去永春，其实主要是看永春县委常委、常务副县长蔡映辉。

前几年，我曾经写过一篇文章，题为《守护文化要赴汤蹈火》，感慨"有病者事竟成"。说的是屏南县政协主席周芬芳，像疯子一样不停不歇干工作，让条件并不好的寂寂无名的屏南县扬名全国。爱一行才能干一行，爱到痴迷的程度，爱到疯狂的程度，就是"有病"；而这种"病"竟会成大事，成好事。

蔡映辉也"病"得厉害，常务缠务，百事缠身；几乎天天都工作到深夜；坚持制作上传短视频，一天不落；他畅想串联几个县，促成戴云山旅游环线。他认为闭合有难度，构想先拉一条线，就把仙游的陈副书记推荐给我，要把永泰、仙游、永春连成一线，优势互补，做大做强。

蔡映辉说："如果我当政协副主席就好了。"我相信他真的想集中精力，做自己喜欢做的事情。

可是，蔡常务，您这不是给我这个政协副主席施加压力吗？

在一天半的时间里，虽然我们马不停蹄，但总归是走马观花；不过，走马观花、浮光掠影之余，我们还是发现了许多亮点。

湖洋，作为乡镇这一级，居然有文联、文化学会、文化交流中心，文化建设如火如荼。陈谷先今年85岁了，刚刚先后加入市文联、省文联，我猜他一定是最年长的新进会员了。陈老患癌十五年，他要和死神赛跑，在有限的时间里，尽最大努力把湖洋的传统文化挖掘整理、展示出来。张孝德说，文化是最有成长性的产业。我发现传统文化是最经久不衰的产业。中华优秀的传统文化也是中国具体实际，但是习近平总书记为了突出传统文化的重要性，提出了"两个结合"。引领乡村振兴的应该是中华优秀的传统文化。

东关镇的家风家训馆，令人印象深刻。有从柴米油盐酱醋茶等生活细节中提炼出的人生哲理，形象生动；有以境内的百家姓拼成的永春地图；最喜人的是互动环节，写信收信、手摇四季轮换等；最后的感悟厅，要每一位学子说出一两句的观后感。展览馆的互动环节至关重要，可以与展品进行心灵对话，可以让参观者成为一件活生生的展品。

感悟厅更加重要。组织者事先下达任务，参观者为使自己不出丑，就会认真看、用心想，这就延长了参观时间；发表感悟，虽然只有一两句话，但几十个人下来，也需个把钟头；还可以增加评奖和颁奖环节，如果是红色参观，就可以请当地的老党员担任评委，奖品则是当地的土特产。如此一来，半个钟头的活动，就可以延长到半天，还能为当地带来消费，最重要的是让参观者受到教育。

我曾参与武夷山双世遗展览馆和林语堂纪念馆的布馆策划，特别强调文创和互动环节。其中在武夷山双世遗展览馆有专门预留一个小房间，里面什么展品都没有，就是悬赏策展。我们乐观地估计，游客反而可能逗留的时间更长；而来自世界各地五花八门的策案，就是对武夷山双世遗展览馆最好的宣传。

如果没有互动设置，展览馆只能算作冷冰冰的杂物间，参观者也只有匆匆眼观，心里泛不起一丝涟漪。

永春县生态文明研究院目前共建有驿站 2 个，被评为"泉州市人才之家"，刚刚入选全国人才工作优秀案例。驿站自成立以来，实现常态化引流，累计共有各类专家、人才约 2000 人次在驿站落脚，并开展有关的研究和实践工作。接待国家、省、市各级考察团 150 余支，接待各地游客 3 万余人次。开展文创产品研发 30 余项，研发农业加工产品 5 个，打造研学课程 30 余门。开展群众组织动员和文化服务工作，组建各类自组织团体 8 支，开展生态文明大讲堂、乡村振兴讲习所 80 余场，举办活动 300 余场，开展社区课程 20 余门，服务群众 2 万余人次。

全国首家乡村振兴研究院成立于永泰，院长是县委书记，顾问是温铁军；永春的院长是温铁军，副院长是蔡常务。温铁军的团队在两县各驻扎了一支队伍。显而易见，永泰在这方面的工作相比永春，有不小的差距。当然，其中的原因是多方面的。

永春县人大常委会副主任林玉品是我多年的微信好友，这次得以幸会，最令人感动的是他陪同了几乎全程的考察。我常常吹嘘自己担任了十三年党委书记，其中嵩口古镇八年多。而林主任在五里街镇一待就是十七年，按他的话是"钉子户"——是的，像钉子一样盯着一个项目，紧抓不放。乡村振兴需要久久为功的政治耐力，最大的敌人是急功近利。一届就五年，届中还有可能调整，为了出政绩，一些人只好做可以立竿见影却无法持续的表面文章、官样文章。

八年多只有十七年的一半，以后，我再也不敢大言不惭了。

永泰永春，永春永泰，我们将加强交流学习，互相鼓劲奋进；仙游，你要加入吗？

钱厝赚钱，取之有道

2022 年 11 月 27 日

君子爱财，取之有道。我认为，这个"道"既指道德、法律，也指途径、办法。如果有人问乡村振兴哪个环节最重要，我会不假思索地脱口而出："运营。"

福建省宁德市古田县大桥镇钱厝村，能够接受市场经济运营的理念，引进专业团队福建天青色文旅集团，对旅游产品进行体制升级和营销托管运营，通过提供就业、技术指导、入股分红等方式带动周边农民增收致富。钱厝赚钱，取之有道。这个"道"，不仅合理合法，而且有先进理念，有高效办法，还有融入道教的意思。

钱厝村是重点侨村、省级传统村落，海拔 800 多米，气候凉爽；植被茂密，生态良好；村庄集聚，错落有致；村中钱来山与千年临水宫的直线距离仅 1.2 公里，是传说中临水夫人上山采药的歇脚地，一千五百年间"生产"了 6 位神仙。

2017 年，钱厝村第一支部书记林文华到任后即谋划村庄发展。2018 年大年初三，林文华和村两委召集全村老少和返乡过年的村民，在学校大操场举办了一场钱厝村最大范围的座谈会——"同心同梦共商钱厝村发展茶话会"。就在这场别开生面的"头脑风暴"会上，"旅游脱贫"的种子在钱厝村生根发芽了。

2017 年年底，一位从钱厝去上海经商办厂的"80 后"青年钱小振，带头成立古田大辰樱花谷旅游开发有限公司，致力于开发钱来山景区项目，将 1000 多亩土地流转过来，围绕瀑布景观资源，组织村民种植果树、珍稀樱花，打造紫薇花海、荷花梯田。将荒废多年的知青旧址"钱厝学校"，改造成屋里厢民宿——在上海话里，"屋里厢"是"家"的意思。

2020 年，疫情突发，钱来山景区也因此时关时开，钱小振陷入了困境。8 月，经朋友介绍，和福建省天青色文旅集团达成合作，景区给集团一笔策划费，双方分别负责营销费用和现场费用，利润分成。天青色文旅集团即派专业团队入住景区，帮助景区改造，举办多场活动，开动新媒体宣传。很快就让钱来山景区获得重生，欣欣向荣。

天青色文旅集团在产品打造上，综合考虑了当地的情况，导入了网红打卡元素、农耕体验以及文化传承的内容，围绕"好看、好玩、好吃"的核心理念，将原来的樱花谷改名为"钱来山景区"，提质升级为体验式山水景区。传承千年临水文化，打造"临水福地、钱来之山"的品牌。在市场推广上，借助新媒体的平台进行矩阵传播，打造人气爆款，以景区为中心，配套以民宿，和村民积极配合，带动周边果园、古村落的人气，让昔日贫困村蜕变成如今热门的"网红村"。串成了"临水宫祖庙—钱厝村—钱来山景区一日游"的福建热门线路，并开通了"福州至古田旅游直通车"。景区年游客数量达 20 多万人次，积极推动古田全域旅游发展。创建了"支部＋农场＋合作社＋农户"的经营模式，由农民出土地、出劳力，农场出资金、出技术，通过土地流转、提供就业、技术指导、入股分红等方式带动周边农民增收致富，为大桥镇提供 110 个以上就业岗位，助力钱厝打造集农事体验、民俗活动、青年驿站为一体的乡村生态旅游新业态。

天青色文旅遵循"可传播""可运营""有主题"三大基本运营原则。可传播就是文旅产品有颜值，让人看了想拍照、有体验，游客愿意分享朋友圈，还要有话题——能够引起关注和讨论。可运营就是要有清晰的客户画像，还要具备能经营的团队。有主题就是乡村能让人来了觉得有意思，有特色，能记住，也就是有记忆点。是否"有主题"很重要，它是决定一个产品的生命周期和产业链周长的关键因素。

坚持以运营思维为先导，先想好做什么、卖给谁、谁来卖的问题，要坚持用"创意"创造"生意"。在选择项目时,不图全,而要有特色——什么都有等于什么都没有,不震撼就会有遗憾。同时一定把握好"合适"的原则,高大上不一定最好,最好的不一定是合适的,只有最合适的才是最好的。

钱厝的发展快速而且成功、长效,从中可以看出,资源、乡贤、建设都很重要,但归根结底,都比不上运营重要。

最近,我们在为仙游县的游洋镇、社硎乡的乡村振兴以及寿宁县的部分金牌旅游村建设做技术指导,强调运营的重要性,建议在政策允许的范围内,引进有实力、有情怀、懂农村的团队,采取谁设计、谁施工、谁运营(有的项目还要加上谁付息)的方式,确保运营前置,所有的策划、规划、设计、施工、发动村民、搭建机构、宣传报道等工作,都要为运营量身定做;确保专业团队能够自主地组织项目实施,减少沟通环节和沟通成本;在项目建成后两年里,团队还要在不追加政府投入的前提下,负责培育市场和培养当地运营队伍。

如果运营脱离于前面的工作,就有可能造成项目先是满眼美好,很快只是一地鸡毛的尴尬局面。各地多有诸如此类的惨痛的教训。

请多长记性,吸取教训;借鉴钱厝,发展乡村。

市民下乡，共享永泰

2018 年 1 月 12 日

著名的"三农"问题专家温铁军提出"十万榕民下樟溪"的大胆构想，让我为之振奋不已，连续几日不停思考。永泰最大的资源是什么？既不是生态，也不是文化，而是拥有良好生态和丰富文化的毗邻福州的地理位置，这是吸引"市民变农民"的最重要的因素。

在目前的政策条件下，要让市民变农民，"共享农庄"是一条捷径。共享农庄即把农村闲置或老人寡居住房进行个性化改造，形成一房一院一地，并根据需求改造为市民田园生活、度假养生等多种模式，再通过互联网等方式对外出租，或者由市民选定民居，由其投资、经营。

这种模式充分尊重农村发展现状与传统民俗风情，引导农民盘活资源、参与创业或发展第三产业，能让无法规模城镇化的区域也享受人居升级，还可以逐步实现农民增收与科技导入、城乡交流融合。

想出租，要先改造；想改造，要先收储。收储要在村集体经济组织主导或见证下进行。闲置民居一般都年代久远，发展人口众多，谁说话算数？谁签字算数？所以要成立经民政部门注册的理事会，由理事会来谈判、签约、共同管理、分享利益。民房租期要在二十年以上，租金可根据不同类别，每平方米年收 5 至 15 元。原住民是否搬迁视承租者的喜好，红白喜事等民俗活动一般要剥离。周边的田园山林要根据当时当地的市价来确定，不可趁机哄抬。

这种模式如能建成，乡村振兴指日可待。

发展山地旅游，永泰大有作为

2018 年 7 月 14 日

永泰多山，海拔从几米到 1682 米不等，千米以上山峰有十几座。福州市区周边最高峰天台山（1117 米）在永泰，福州市最高峰东湖尖也在永泰。

我两次登上东湖尖。一次，从里洋村部起步，落差 900 米，几乎是垂直攀爬；一次，从赤水村起步，沿途古道、怪石、巨松、飞瀑等，风光无限。在东湖尖顶，我赖着不走，要充分享受全市尽在我脚下的豪迈之感。

登上斗湖和鲤鱼上天也都是两次。第一次登斗湖时，在最险峻的路段，我背着 11 岁的女儿艰难上山。每每想起，那种自豪感就充斥全身，至今我还常常吹嘘。斗湖水域面积只有 75 亩，但那是天边的海洋，就像上帝的泪滴。我徜徉湖边，不能自已。

鲤鱼上天不知何时命名，它与和尚地密不可分。为找和尚地，我们差点困在山里。幸好太阳出来了，我们认准西北方向，劈草开路，翻山越岭，历经 12 小时，才见到大喜水库，终于回到人间。和尚地是 1100 多米的沼泽地，如若也仿云顶和斗湖，筑个天池，水域面积将接近 300 亩。沼泽地里盛产鲤鱼，俗信鲤鱼夜间会爬到旁边的山上，这山因此命名"鲤鱼上天"。

一次，我们夜宿云顶民居。翌日下山时，突然发现对面山上有巨大的影子晃动，仔细辨认，影子就是我们自己。原来太阳从后山升起，阳光照在我们身上，把我们投影在对山的云雾上面。这就是"佛光"！佛就是自己。顿时，惊喜、激动、兴奋在每个神经末梢涌动。

功夫不负有心人，早起的鸟儿有虫吃。我夜宿姬岩、高盖山、方广岩，天公均赏脸，我们都拍到了壮丽的景色。

登山看风景，看的不只是自然风景，更要享受独特的民俗风情。永泰的农民基本上是山民。"山高皇帝远。"山民因此敢僭越，善创新，创造了与山外有差异的文化。山民比农民更淳朴，见到外人无比热情。和山民一起杀鸡宰羊那种经历，比吃羊啃鸡更令人愉悦痛快。

最近看了中国旅游协会休闲度假分会会长魏小安写的一篇文章，指出山地旅游一定会成为下一步中国旅游发展的热点。他归纳：山居，山中居住，与禅为伴；山游，山地观光，云起云飞；山玩，丰富感受，体验自然；山动，运动项目，丰富多彩；山吸，清新空气，畅快呼吸；山野，城市拘束，总算撒野；山赛，竞赛追逐，享受成就；山索，索道开路，拉动发展；山文，文化积累，深度感受；山享，全面体验，享受新生活。

我县国际自行车赛已办了几届了，刚办时，全县欢呼雀跃，万人空巷。而如今，观众只剩保安，保安眼睛在看，心却不在焉。可否推陈出新，把自行车赛引入山地？

建几个补给站、中转站、培训站，建几条不破坏或少破坏的索道。让大家穿山越岭，遨游在绿色的海洋里；让大家痛快登顶，享受一览众山小的豪气；让大家林间结庐，当一回潇洒的永泰山民。

告老还乡的现实即将到来

2020 年 2 月 23 日

疫情，就像四处游荡的死神，肆意残害苍生，让人悲痛欲绝，让人冷静思考。看似设施完备的城市，面对突如其来的疫情，不堪一击，管理者，疲于应付。而貌若破败没落的乡村却成为抗疫的天然物理屏障，而且可以提供荤素搭配科学的饮食结构，可以形成稳定的自给自足的久安局面。

人们常说，乡村振兴不是资本下乡，而是乡贤回乡，市民下乡。古语："宁恋家乡一把土，莫望他乡万两金。"树高万丈，叶落归根，是功成名就人士的心灵归宿。乡贤回乡时，就可以把自己所获财富、人生智慧和外部文化带回乡村。以亲情为纽带的熟人社会，可以重启以乡贤为核心的乡村治理模式。

有人归纳了乡村振兴的七种民间力量：热心乡建的力量、衣锦还乡的力量、留住乡愁的力量、自我组织的力量、下乡追梦的力量、精神激励的力量和公益组织的力量。但我认为，衣锦还乡是最强大、最有情怀、最可持续的力量。

最近几年，城市问题日益突出；如果现状不变，所有大城市都难逃厄运。城市已经不堪重负，疏解人口过密的困境已迫在眉睫。乡贤回乡，既有助于乡村振兴，又可以减轻城市压力，一举两得，何乐而不为？

拯救农村的不是农业，而是土地。四十年前的那一纸公文，瞬间让几亿人解决了温饱问题。土地问题一解决，许多问题即可迎刃而解。集体土地入市，是又一次的土地革命；但是这个革命不能从根本上释放乡村的强大潜力。在此背景下，乡贤回乡，市民下乡，让城里人到乡村购地建房，已成必发之势。孙君老师把赤岸定位为"新村民部落"，这是高瞻远瞩的策划，必定吸引乡贤市民抱团前往入驻。

由此看来，过不了太久，人们渴望已久的告老还乡的愿望即将实现。

永泰：好运已转到，不抢待何时？

2020 年 5 月 8 日

我在外面讲课时，都不忘宣传永泰。通常抛出一个问题：如今，农村人千方百计地想逃离农村，城市人千方百计地想逃离城市，有没有一个农村人和城市人都喜欢的融合点？没有人答得出来，我就大声地宣布："永泰！"引起了在座永泰人和非永泰人的热烈掌声。

去年，我花大精力抓赤岸村的乡村振兴，提出了"新村民部落"的思路，这个"新村民"必须是在城市和农村之间可随时切换的角色。什么叫随时切换？就是从城里到乡下或从乡下到城里的路程控制在一小时左右，永泰就可以满足这个要求。

中办领导找孙君老师，要创建乡村振兴新模式。孙君老师毫不犹豫地将地点定在永泰。因为永泰乡村有宗祠、寺庙，乡村生生不息；因为永泰有热心乡建的力量，自我组织的力量，公益组织的力量。世界公认，世界乡土在中国。陈志华先生说："中国乡土在福建。"我大言不惭地说："福建乡土在永泰，永泰乡土看庄寨。"

疫情发生后，我们发现农村是最靠谱、最耐受的瘟疫避风港。农村山好、水好、空气好；丰富的负氧离子是天然氧吧；农村地大、食物丰富，想吃什么种什么，可以自给自足，不至于担心粮食和蔬菜；农村山里可采果，水里可摸虾抓鱼，荤素搭配应有尽有，可口又安全；农村人烟稀少，房屋独砌一山，各住一隅，是天然的物理屏障；农村易守，村两委把住村口，哪怕与世隔绝也不会被饿死。

眼看疫情防控常态化，戴口罩和穿衣服一样平常。我觉得："半城半乡，半快半慢，半办半宅，半工半游，半尘半仙。"这样的状态是未来的理想生活。半天城市高效工作，半天乡村居家生活。随着城际轨道交通的进一步便捷，互联网信息的进一步应用，未来的生活将打破城乡的界限，我们可以居住在乡村或者是郊区。每天有一半的时间与家人在一起，一边工作，一边生活。寄情山水，休闲旅居。

有关这些，永泰都是最佳的选择。

上个月，在四创科技讲课时，我提出在赤岸建设"抱团养生"的构想，以吸引志趣相投的福州人成群结队到赤岸流转民房、田地、山林，他们中可以有教师、医生、画家、商人、干部，等等，结伴游乐；来居住时，可种菜、可养鱼、可爬山；回福州时，就交由合作社运营，利润分成。话音未落，总裁汤成锋要"第一个报名"。

前几天，我突发奇想，在朋友圈发了一条讯息："乡村要向城市提供改变生活方式的机会，免费给地盖木屋，还随送林地。"盖木屋费用由城市人负担，林地可看但不能卖、不能砍。农村毫无付出，却能把城市的资源导入农村。信息发出后，许多人前来咨询，连朱启臻大师也表示出浓厚的兴趣。

节前，著名的免费午餐发起人邓飞深夜来访。这是近期最大的惊喜。5月5日，他发表了《永泰探索：如何把美变成生产力》一文，引起了极大轰动。他认为："永泰是乡土中国一个完整标本，是中国人当仁不让的精神家园。""永泰，天赋异禀和千年积累，它的美是独特、极致和全面的，组合起来，必将生成一个无与伦比的系统，涵盖田园、农学、美育、乡村振兴和国人精神生活等——这似乎是一个巨大空缺，至今还没有一个地区站出来担负这些重任。于中国人，永泰的价值将厚重而深远。"这几天，他都在为永泰奔波，要包装永泰，宣传永泰，让全球华人认养永泰。

风水转得快，无须三十年。宋时，永泰是人口大县，经济大县，文化大县。1958年，为了支援困难地区，永泰把三十六都中的第一都划给福清。可以预见，不久的将来，永泰又要履行支援外县的光荣使命。

好运已转到，不抢待何时？

乡村振兴的密码是什么？改革！

2020 年 6 月 8 日

久闻李昌平先生的大名，但至今未曾谋面。近日，我网购了李昌平的著作《村社内置金融与内生发展动力》一书，爱不释手，彻夜卒读。昨天下午，又观看了这本书的发布会。感触颇多，不得不发。

李昌平历经磨难，痴心不改，坚持从事乡建的实践和探索长达三十六年。他以"内置金融"为切入点的系统的乡建方式，已经遍布 400 多个村庄，成效显著。他清晰梳理了自己的理论和实践，他的模式既是市场经济，又是社会主义。他的理念、实践、经验，值得我们学习、思考、借鉴。

李昌平认为："乡村振兴，重点是建设和振兴 30% 有未来的村庄——未来村。"他推断，其他 60% 的村庄会自然消亡，而 10% 的城市郊区村庄，会淹没在城市之中。

永泰的未来村也许会多一些，但估计也不会超过 50%。这几年，做美丽乡村全覆盖，实际上大可不必。一些村，狗比人多，还要再扔 200 多万元，实在是一种浪费。乡村振兴政府下达的资金更多，不要再撒胡椒面了，要集中投放到"未来村"。

李昌平认为："虽然打造一个村庄美丽的外表是重要的，但激活村庄的灵魂和内生动力及能力是更重要的；虽然政府主导的示范村建设是重要的，但村民自主乡村复兴是更重要的；虽然用政府财政手段重金扶持乡村建设很重要，但以政府财政注入种子资金，引导村民创建内置金融村社是更重要的。"

乡村振兴，缺的不是物质性基础、内外客观物质条件，而是激活内生动力和治理能力的体制和机制。许多人对乡村振兴的理解还是停留在穿衣戴帽的环境整治上，所以，一味地强调钱，一味地强调短平快，认为衣帽穿好就是振兴了。做硬件，可以一蹴而就；但如果因此把民心弄坏，就得不偿失。硬件，这几年已经做得差不多了，软件建设才更迫在眉睫。软件建设有的需要钱，但不需要太多钱。如月洲村编村志只需 8 万元，赤岸村则只需 5 万元。所需的钱不多，但时间至少需要一年。软件建设有的不仅不需要钱，还会吸纳钱。如赤岸村成立合作社，首期，群众就自愿投股 30 多万元。盘富村则吸纳资金 300 多万元。如今，95% 的乡镇存款都在 1 亿元以上，贷款却不到 2000 万元——乡村不差钱，差的是体制机制。我们引进孙君团队，就是期待软件方面有所突破。

李昌平归纳出乡建失败案例的两个共同点：一个是领导示范村，另一个是政府、资本和专家主导的村，村民和村级组织被边缘化。这说得也许有点绝对，但不无道理。领导不能一直挂钩，资本不能一直包办。一旦领导、资本撤走，满眼美好就会变成一地鸡毛。去年，我去安徽小岭南参观，听到许多乡建人吐露心声："最需要领导，又最怕领导。"指的是领导可以给政策给项目给资金，又怕领导瞎指挥，走马观花 20 分钟，就要重要讲话了。所以，领导最需要学习。李昌平给县乡干部讲课的条件是：县委书记主持并听课，分文不取；县委书记不听课，课酬不少于 2 万元。

李昌平的乡建院给郝堂、张远等村提供了 10 万至 50 万元不等的"种子资金"，结果，这些村最终都发展到几千万元、几亿元的规模。去年，我有幸参加了省政协崔玉英主席召集的传统村落座谈会。我提出，每个传统村落都要成立新型的经营主体，即家庭农场和农民合作社，给每个合作社原始资金 50 万元。这些年，政府每年都有大笔的扶持资金，投放龙头企业、专业合作社，却都是有去无回。绝大多数既没有带动农民，也没有创造价值，更没有真正创新，以至于诞生了众多专吃政府补贴的公司。我们讲的合作社是指全员的综合的农民合作社，与李昌平的"内置金融"、温铁军的"三变"、孙君的"村投"等，有着异曲同工之妙。现今，省级乡村振兴示范村可以平均补助 800 万元，市级 400 万元，建议各切出 50 万元作为合作社的"种子资金"。

中国的改革发端于农村。习近平总书记强调，改革是乡村振兴的重要法宝，要解放思想，逢山开路、遇河架桥，破除体制机制弊端，突破利益固化藩篱，让农村资源要素活化起来，让广大农民积极性和创造性迸发出来，让全社会支农助农兴农力量汇聚起来。必须深入贯彻落实中央关于全面深化农村改革重大决策部署，聚焦聚力"三农"领域关键环节改革，加强系统集成，放大综合效应，为深入实施和推进乡村振兴战略注入新的动力活力。

要改革，就要问问自己，乡村振兴的初心是什么，先要找出乡村振兴的误区。我认为急功近利是乡村振兴的最大敌人，并由此派生了八大误区：

① 重建设，轻管理，罔顾实际功用和后期管理；

② 重硬件，轻软件，乡风文明就是宣传栏，善治系统就是挂牌子；

③ 重线下，轻线上，数字建设仅占 15‰；

④ 重外力，轻内力，不调动内在动力；

⑤ 重普及，轻重点；

⑥ 重经济，轻文化；

⑦ 重标准，轻个性，把千变万化、千差万别的农村做成千村一面；

⑧ 重一般人才，轻领导人物，人才是最重要的因素。

我喜欢写千字文，本文写长了，乡村振兴说不完，就以李昌平的新书最后一段话收尾：硬件再好，软件不行，是运行不起来的，而且会迅速变成垃圾。现在，重视看得见摸得着的硬件建设的乡村振兴轰轰烈烈，而重视基本制度、体制机制等看不见摸不着的软件建设的乡村振兴很少有人问津。这样的乡村振兴，不可持续。

"梅爆了"！希望引起思想风暴

2021 年 1 月 18 日

"梅须逊雪三分白，雪却输梅一段香。"永泰人写梅花与众不同，胜出一筹，真正写出了美丽，写出了韵味，写出了真情。因为幸福的永泰人可以一年一度遨游梅海，可以一年四季享用梅品。只有永泰人才有这种销魂蚀骨的感受，才有这种刻骨铭心的留念。

雪白的梅花，配上青山绿水、蓝色的天空、古朴的民居，真美！喊一声青梅，满山的花抢着应；举起手中的相机，树上的花争着探头。这几天，永泰的葛岭、城峰、岭路一带，游人如织，人声鼎沸。不知多少人来永泰消费，又为永泰义务宣传。梅爆了！美爆了！不知多少人在刷屏；一张好的梅照，顷刻之间，不知被多少人盗图。

永泰再一次因梅花名声大振。梅花在为农民增收的同时，也为全域旅游立下了汗马功劳。这种功劳几乎无须政府投入，也无须任何回报。古人只知道梅花的诗情画意，而我们却明白了梅花的无私奉献。

当然，如果我们立若干指示牌，建若干观景台，将园内的道路稍微整一整，在适当的位置建几个厕所，那就更加畅通、便利、开阔、美好；树下如有河卵石围成的茶桌，就更完美了，可以让人在梅香弥漫之中，在落英缤纷之下，围炉煮茶、品茗聊天，全方位地感觉，全身心地享受。那种感觉与享受确实无法用语言形容。

当然，如果有与梅相关的系列食品、文创产品、民宿、宴席，游客就有可能不是一日游半日游，而是留下来饕餮一番，居住几晚，欣赏许久。可以在暗香浮动中，吟诗作赋；在影影绰绰里，引吭高歌。在单调的冬季里，领略丰富多彩；在寒冷的时刻中，享受温暖熏陶。

当然，如果也种植其他梅树，譬如柳梅、翠梅、蜡梅等，花朵就会更艳丽、多彩；花期不仅可以错开，更可以延长，等到满山、满园的梅花开放时，到处五颜六色，姹紫嫣红，此起彼伏，精彩不断。那就不只是一旬的热闹，而是一月的热闹，甚至是一季的热闹！而且因为花的热闹，可以引发其他热闹；因为一季的热闹，可以引发全年的热闹。

"梅爆了"，希望引起思想风暴。梅园就是最好的公园，投入少，效果好。很多其他的公园投入不知多多少倍，但没有那么多游客，也没有那么大的影响。永泰整个县都是不错的公园，大可不必砍梅树、建公园。农村的美丽一定是田园风光和人间烟火，一定要与农业生产、农民生活紧紧相连，息息相关。离开了实际功用，撇开了后期管理，花巨资建设的工程，就会变为挥之不去的垃圾，变为欲哭无泪的负担。

乡村振兴，关我兴事

2021 年 3 月 19 日

对于乡村振兴，我乐此不疲，愈来愈"疯"。其实，乡村振兴与我工作分管无关，纯属兴趣使然，多管闲事。再说，我是省乡村振兴研究会会员，总不能徒有虚名，终究要说几句实话，做一些实事的。

乡村的形成历经千百年，不是设计出来的，彼此之间千差万别；乡村是活的历史，不是死的断面，是千变万化的；乡村振兴的模式是多样的，套路不是一成不变的——以统一的、固化的、细化的标准来考核不同的乡村，是不妥的。只需定个原则性意见即可。如果以"标准"来考核，只有五个人的村两委的村部在原来已挂四十几块牌子的基础上，就还要再挂三十几个牌子；农民种了五千年的菜就成了"三无产品"；丰富多彩的乡村都变成辨认不出的孪生兄弟，造成千村一面可怕的局面。我们也因此成为千古罪人。

前几天，去盘谷乡开会，我建议全乡6村同时启动乡村振兴工作。盘谷有其独特的地形地貌、灿烂的宗教文化、强大的乡贤力量，5000多亩一马平川的稻田，把6个行政村、6个农业企业融合一起。同时启动，便于整合力量、统筹协调，便于打造格局完整、功能齐全的田园综合体。思路不要囿于这400万元，没有400万元，乡村就不能振兴吗？有了400万元，一年不到，乡村就振兴了吗？

我们做过估算，盘谷乡民间资本超过100亿元，100亿元中拿出多少做乡村振兴呢？除了个人建房、公益修路外，几乎没有。财力有限，民力无穷。乡村不是没有钱，是我们的机制出了问题。招商引资，首先要招引乡贤。我接触过一些乡贤，他们想回乡投资兴业，欢迎大家一起投，自己兜底，有钱赚最好，没钱赚权当做公益。乡贤可分政治乡贤、文化乡贤、经济乡贤。乡贤回乡，既有助于乡村振兴，又可以减轻城市压力。应该多包装一些项目，让乡贤认捐、认投、认领。

乡村振兴第一步是整合资源，不是招商引资，这个不能本末倒置。整合资源就是成立合作社（或者理事会），成立合作社好处多多，其中一点，可为农民和外来投资者之间建起一道"防火墙"，彻底解决毁约率居高不下的尴尬局面。理事长是要承担法律责任的，要是村民选出来的。个别村民不讲信用，投资者束手无策，理事长必须去镇而且也镇得住。

为什么农房平时不值钱，一拆迁就值钱呢？因为拆迁了，就要对农房确权、定价，对接市场。成立合作社就可以让农村的资源确权、定价，对接市场。今年中央一号文件允许在合作社内部开展信用合作。

在坚持土地集体所有制前提下，为农民活化数百万亿元沉默价值的实践探索提供了护身符，也为扩大内需和建立内循环提供了金钥匙。有市场吗？前些年"逆城市化"，后疫情时代加快了进程。这几天，几位银行行长找上门，希望找到资金投向。如今，到处建房地产，不是刚需，是金融过剩。许多大企业比地方政府敏感，早已深入研究，并在悄悄地转型。农村资源的资本化，甚至证券化，已为时不远了。

一边农村资源严重闲置，一边金融资本高度过剩，我们要做的就是打通农村资源与金融资本对接的渠道。这需要整合资源，成立合作社，建立三级市场。一级市场最难，二级、三级属于政府行为，是水到渠成的事。

整合资源，大家达成共识、开始行动了吗？

逃离火炉福州，到永泰乡下避暑养生

2021 年 7 月 18 日

太热了！阿拉伯高温 73℃，美国 50℃致死 600 人，北极最后冰区融化。福州已成了"四大火炉"之首，东街口最热达到 49℃。地球变暖、变热已经不可逆转。

人更怕冷还是更怕热？在南方，一定是更怕热。冷，多穿几件衣服，就可以解决了。而热，即使脱得精光，也无济于事；整天泡在水里，待在空调房里，身体健康又会受到影响——久居空调房的人们容易患鼻炎、哮喘病。

你想在乡下有一座房子吗？海拔在 500 米至 1000 米，房子周边有山有水有林有园。想，这是福州市里上了年纪的中产阶级的普遍心理。

中产阶级市郊化必定是大势所趋。如今有一种现象，城市人千方百计地想逃离城市；农村人千方百计地想逃离农村。有一个地方让城市人和农村人都喜欢的融合点，那就是永泰。永泰县的地理位置、交通设施、自然风光、历史文化等因素，决定了它是全省最好的城乡融合点。新村民是如今时髦的称号，他必定是在城市和农村之间可随时切换的角色，而永泰就是新村民最好的选择。

温铁军说，乡村有"四洗"——乡村文化洗心，山林空气洗肺，小溪泉水洗血，有机食物洗胃；孙君说，农村是未来城市人的奢侈品；李昌平说，未来三十年，10%的村会成为养老村，5%的村会成为企业总部基地。在中高山村里拥有一座房子，可以避暑养生，可以招待朋友，也可以对外营业。

关于在乡下有一座房子，许多人说，想是很想，好是很好，但是也很怕。一怕，房屋土地流转太复杂太困难了，实在耗不起；二怕老百姓违约，不讲法律，不讲诚信，出尔反尔；三怕蚊虫。

永泰县有一乡贤，想回老家修缮祖屋，却遭到种种阻拦刁难。无奈之下，这位乡贤跑到鼓岭买了幢别墅，多花了不知多少倍的钱。

人们经常感慨，告老还乡，无家可回。想不到，有家也难回。祖屋牵涉人口众多，周边土地归属错综复杂。如果没有统一思想，整合资源，连换一木板、挖一锄头，都比登天还难。自己的家都回不了，谈何吸引福州人下乡？

譬如，一座牵涉100户的荒废多年的老屋，只要有一户不同意，就无法出租。群众不统一思想，不诚实守信，即使资源再好，人们也只能望而生畏，不敢近身。从这个意义上说，民风是最重要的资源。一定要先整合资源，再规划设计、招商引资，千万不要本末倒置。有人想瞒着群众设计、招商，可能吗？瞒天过海胜算太小。

城里人的"三怕"里，蚊虫，可以通过物理、化学的手段，把影响减小。前面的两"怕"，则是我们政府要做的工作。最近，我们对荒废村庄、闲置房屋进行调查摸底；再利用晚上集中群众，开展研讨，力争探索出一条荒村活化之路。

前两"怕"，后文会具体阐述。这条路注定非常艰难而漫长，但我们有信心、有耐心走下去。

民房流转的三个重要问题

2021 年 10 月 8 日

最近，我们经常走访闲置的民房和荒废的村庄，目的是评估其价值，认识它的主人；再召开座谈会，统一思想，整合资源，寻机活化。

价值的大小，不仅在于房子的本身，也在于房子周边环境的好坏，更在于房子主人素质的高低。最好的风景是文明。

座谈会一般安排在晚上进行。不是我们喜欢作秀，而是村民白天没空，晚上才可以相对齐集。

在多次走访中，我认识到有三个问题非常重要。

1. 租期要突破二十年。按现有法律规定，民房租期最高是二十年。二十年，对于像我这样今年 56 虚岁的人而言，足够了；76 岁时，如果还在人间，也只想靠医院近一点。而如今，想在乡下拥有一处养生之地的人，很大部分只有四五十岁；二十年后，他们正需要休闲养生，租限却到，面临着被驱逐，要搬离。所以，只有二十年，招租成功率定会大打折扣。我们目前接洽的都要求三十年，比二十年多十年。如何突破法定的期限，而又继续受到法律的保护呢？我们探索了四种途径，这个容我以后专文细细道来。

2. 要建立群众组织。建立群众组织（合作社）可为农民和外来投资者之间建起一道"防火墙"，投资者只和组织的法人代表产生联系。如此可以解决毁约率居高不下的尴尬局面，保住村民平等权益。

这些道理，我们以前多次阐述过了。在讨论中，有人提出村委会可以承担此任。我不以为然。当下，村干部素质足够高、能主动协调矛盾的寥寥无几；如果临近换届，更是敷衍塞责。只有有利益关系、法律关系的群众组织法人代表，才会积极主动发现问题解决问题。

3. 成年家庭成员都要签字。签合同当期，所有的成年家庭成员都要签字。与商品房不同，农村民房年满 18 周岁的家庭成员都有权利表态，以堵塞法律漏洞，避免纠纷。二十多年后，父辈可能不在世了，儿女当家了。成年的儿女不签字，如果他们提出当时就不同意出租，就要重新协商，全员签字会避免日后出现麻烦。

在走访中，我们经常会遇到法律问题、现实问题，要坚持正确面对，认真学习，虚心请教，及时总结，适时汇报。

吸引市民下乡，是永泰乡村振兴的牛鼻子问题

（与黄淑贞合写）2022 年 1 月 4 日

乡村振兴 20 字的总要求，很多人耳熟能详；但对同样是中央提出来的实现总要求的七条道路，许多人却不是很了解。其中第一条是"走城乡融合发展之路"，其重要内容是市民下乡。

后疫情时代的理想生活，是半城半乡、半快半慢、半办半宅、半工半游、半尘半仙的生活。未来随着城际轨道交通进一步便捷，互联网信息更广泛应用，我们的生活方式也将更加灵活。

市民看中的不是房子，而是房子周边的环境。他们想做的不只是民宿，更多的是或避暑养生，或招待朋友，或对外经营，或三者兼具。

永泰是福州的后花园，无论是交通条件、地理位置，还是自然风光、文化底蕴，都是符合市民下乡、半城半乡的最佳选择。永泰是省级乡村振兴示范县，历史赋予永泰的是神圣使命，也是发展机遇。

吸引市民下乡，是永泰乡村振兴的牛鼻子问题。永泰县市民下乡方面应该走在全省的最前面。

2022 年已悄然来临，犹记得四年前（2018 年 1 月 5 日），温铁军教授在《生态文明战略转型与乡村振兴》讲座上提出永泰要吸引"十万榕民下樟溪"的发展构想。

如今四年过去，乡村振兴进入新发展阶段，"免费午餐"创始人、杭州花开岭公益基地负责人邓飞先生经过一番调研考察，针对"十万榕民下樟溪"提供了进一步的可行性建设思路。当然"十万"是泛指，哪怕只有一万市民来永泰当农民，永泰的很多农村就会热气腾腾了。

需要把握哪些基本原则呢？一是不需要政府投入巨资；二是政府保持克制，减少赤膊上阵，让市场和社会成为行动主体；三是让参与各方有利可图；四是自然自由，政府不投入了，行动还可持续。

什么样的乡村符合试点建设要求呢？一是靠近福州，基础条件好；二是党委书记拎得清，有良知，有革变之心；三是当地村民积极主动性高、团结，有急切改变村庄的愿望。

有人要求租民房办理红白喜事等民俗活动，邓飞则认为，最吸引市民的是自然生态的乡村原生活，这些传统活动正是乡村的精神内核，应该包装提升，走向市场。习近平总书记提出"两个结合"，特别突出提醒马克思主义要和中华优秀传统文化相结合，这正是他的新思想。

如何做到精准吸引美好生活愿景的人，腾笼换鸟，全面提升永泰？当务之急，要从市民下乡最"怕"什么着手。

如何防止"违约"？一方面要基层普法，加大"产权"保护力度，既维护村民通过合法途径增加（所有权）财产性收益，又维护市民租赁期间的使用权；另一方面，还是要通过组建合作社，由合作社出面协调各种繁杂的当地沟通问题，做好保障服务，连接外部资源。

邓飞先生在微观层面提出了"对内""对外"两大实施步骤。

对内，分三步走——慈善先行，生态跟进，培训学习。那么我们来探讨一下，第一步慈善先行要怎么做？

首先是党委书记带头做公益，建立乡贤基金，以乡贤基金支持创业和公益项目。按照规定，以镇村为单位建立乡村社工站（社），再组建多个志愿服务队；引进志愿服务队，服务老人、孩子、残疾人。成效体现在，有利于修复干群关系，凝聚人心，增强政府公信力。优化村风、民风，提升基层治理水平。

其次是活化庄寨，变成慈善基地，提升永泰影响力。把文化遗产保护与公益相结合，建造庄寨的永泰先人大多也是热心公益的乡贤，一脉相承。21个乡镇，哪怕一个乡镇一个基地，也足以形成"星星之火"。成效体现在，有利于扩大庄寨文化影响力，增强庄寨IP品牌公益辐射力。

第二步是生态跟进，目的就是建设福建省第一个"六个不"乡镇。即不用农药、化肥、除草剂、地膜、激素和生物技术改造的种子。具体措施，一是垃圾变肥料，二是逐渐摆脱农药化肥激素抗生素，三是零污染、零废弃。成效体现在，提升农产品品质，增加本乡镇农产品品牌和影响力；减少基层垃圾处理成本，减少环境污染，提高资源利用效率。

第三步是培训学习，加强镇村干部、合作社骨干的学习能力。成效体现在，解决乡村人才不足问题。每个人的思维梯度以及认识层次不一样，通过实地走访，学习互鉴，消化吸收，才有可能转化成符合村庄实际的发展思路。

对外，集中闲置资源，建立乡村振兴创业孵化与加速基地。

集中闲置资源（房屋、宅基地、田地、山林、水塘），分三步走：变闲置资产为来村创业的人创造条件；免费使用两至三年，开创全国首个创新创业集散中心，助力乡村振兴；若政府无法突破，可由乡贤公益基金承担，而后无偿提供给有条件有资质的创业者使用。

建立乡村振兴创业孵化与加速基地就需要招收福州创业青年来永泰，而后再逐步扩大到全省和全国。还可与外界社会机构一起，成立联合机构，如花开岭乡村振兴分会，福州市城投公司联合成立"青创孵化中心"等。

找准乡村振兴的聚焦点，运用集中超前的思路围绕着城镇（产业带）乡村圈，城乡融合带，村景融合片，作为乡村振兴聚集点进行重点打造。集中精力做好以下三个方面的统筹协调：

一是统筹协调乡村人口大幅减少带来的乡村建设需求变化与乡村建设高效供给之间的矛盾；二是统筹协调模式化的乡村规划与实际乡村建设需求之间的矛盾；三是统筹协调众说纷纭的乡村建设规划思路与科学实用的乡村规划理论建设之间的矛盾。

逆城市化，回到农村去。未来乡村，伴随着旅居时代到来，"半城半乡"的生活方式、农业生产也可能是满足精神需求的、自给自足的产业，而不再是以售卖为主。人的需求通常带来较高经济附加值，特别是永泰这样靠近省会、山清水秀的县域，将会产生很多新的旅居新区，会对县域经济起到巨大的推动作用。

把新康村建成中国红色生态展览村

2022 年 3 月 6 日

我们对政和县澄源乡新康村的考察只能算是走马观花，提出的建议还不全面、不系统、不成熟。意想不到，却得到了县乡两级主要领导的赞同。请看《我为省长挂钩村的乡村振兴提建议》一文。

说其不成熟，主要是发展定位、产业方向尚未明确。新康文化很丰富，产业多元化；正因如此，人们容易眼花缭乱、思路紊乱，最终可能主题不突出，主打软绵绵。应该学习德化主打文化。人们只要踩上德化的土地，无不对瓷文化的铺天盖地、无孔不入的宣传印象深刻，于是"中国瓷都"深入人心。

有人说，新康要主打红色文化。新康的红色文化能与闽西比吗？仅仅那个时期的事变就好几个呢，福建都走不出，如何走向全国？

有人说，新康要主打茶叶。政和白茶历史悠久，新康茶叶很好，有 1000 多亩；但是政和已经被福鼎白茶超越，如今望尘莫及。

有人说，新康要发展康养，推出 18℃避暑胜地。其实，诸如新康的海拔、环境，仅在闽北就比比皆是，遑论贵州云南等地。

有人说，新康要吸引下党的游客。我们和下党经营公司的黄总聊过，小小的下党本身流量十分有限。

——左冲右突，四面受阻，难道就没有突破口？

前天，我从新康村第一书记王凡同志处获悉，林瑞良书记已批示南平市党史办和政和县，对新康村的纪念馆进行整改，限定半个月内完成。昨天，几个人相聚喝茶聊天，头脑风暴，竟然灵光一现：要把新康村建成——中国红色生态展览村。

这里面有三个中心词：一是红色的，以红色统领所有产业；二是全域的，是村不是馆的——不局限于一座新盖的不伦不类的房子，而是扩大到整个村；三是生态的，不是绿色，而是活化，展示的不仅仅是 1938 年的"新康事变"，还有现在 2022 年的"新康蝶变"，把新康原汁原味的乡村生活、如火如荼的乡村振兴，展现给世人。

1. 纪念馆的整改要丰富内容。

一方面，要拓展。往前，要交代事变的大背景，要融入抗战大局、民族解放的伟业；往后，要写清事变善后情况，幸存同志和烈士后代发展情况。另一方面，要深挖。战斗如何激烈，牺牲如何悲壮，需要细化到具体时间、地点、人物、情节。新康有几十个"五老"，健在的还有两人，他们为革命都做了哪些贡献——比如范韩军的奶奶多次隐藏游击队员，怎么隐藏，藏在哪里，受到牵连吗，等等。

2. 纪念馆的整改要提升表现方式。

走进纪念馆，不是让人一目了然，而是像"事变"一样，一波三折，跌宕起伏，让人感受革命的艰苦卓绝，革命者的一往无前、坚定勇敢，因此油然产生敬重怀念之感。纪念馆最大的功能是导览，要有一张巨大的导览图，标注开会地点、战斗地点、隐藏地点、牺牲地点、撤退线路等，便于访客到现场寻找、体验、感受。

如此这般整改，半个月的时间是远远不够的。

有一短短的窄窄的小巷，据说在此牺牲了十几个同志。我们可以情景再现。博物馆、展览馆一定要有互动体验环节，让游客身临其境感同身受，成为故事的一部分，与历史人物同命运共呼吸；否则，博物馆、展览馆就可能沦为陈列馆，甚至只能称之为杂物间，其教育、教化功能则大打折扣。

一定要设立感悟厅。不管是党建、团建、研学，都事先交代，看完展览馆后，每一人都要在感悟厅的讲台上，讲几句观后感。如果能认真看、认真考虑，看的时间就长了。演讲观后感，如前文所述，时间大大延长，原本半个小时变为两三个小时，这不就会带来消费了吗？

我看到新康村的一些墙绘，只能看，可否采用3D，让画在墙上，房在画中，而游客则成为画中之人？举个例子，我们可以进入画中，高举红旗，冲锋陷阵；我们可以进入画中，与红军握手言谈，拥抱鼓劲。我们没有参加过战斗，但也可以最大限度地感受那个年代的血雨腥风、视死如归，从而让思想净化，精神升华。

3. 革命精神要代代相传。

在先烈鲜血浸染的土地上，革命的种子在生根发芽，苗壮成长。我们不能把"新康事变"视为只可缅怀的夭折的婴儿，而应视它为不断成长壮大与自己朝夕相处的巨人——它始终如一地陪伴、鼓舞、指引着新康人民。吕承喜以女子羸弱的肩膀担起了全村发展的大任；范韩军公务繁忙，却毅然决然地投入家乡建设；"康庄"民宿主人只是新康的女婿，却投巨资建起了村里第一家民宿……诸如此类的鲜活例子应该不胜枚举。新故事照样可以传递正能量，激发人们凝聚人心，与时俱进，奋发有为。

六月初九，新康村有游神习俗，祭拜的是九仙——八仙加上观音菩萨。要增加一个祭拜的日子，那就是"新康事变"的那一天，祭拜的是为民族求解放，为人民得翻身，在新康抛头颅洒热血的烈士。把我们党的工作融入传统习俗，化为群众自觉地发自内心的行动。这是具有重大历史意义的一个课题。新康具备完成这个课题得天独厚的优势，因为烈士中有一部分是新康籍的，新康所有的群众都与烈士有着千丝万缕、血浓于水的鱼水之情。

设立烈士祭拜日，一举多得——既可弘扬革命精神，又可传承传统文化，还可发动群众参与。传习俗助力乡村振兴，其力量之大，不可估量。新康居然没有宗祠，这是我始料未及的。我对他们说："不能让自己的老祖宗如孤魂野鬼般到处乱跑吧？"当务之急要重建宗祠。发动群众，让群众参与，确立群众的主体地位，是乡村振兴的第一步，是最重要的一步，也是最艰难的一步，这一步不可省略、不可跨越。在这方面，新康应该先行一步，发挥示范引领作用。

我们可以乐观地预见，中国红色生态展览村如能建成，那就能包容所有产业，带动所有产业。如今，很多人进步了，关注点从基础设施转到产业培育。可是说起来容易，做起来难，推动落实还需要人才。我认为，乡村振兴，人才最重要。

新康是省长挂钩的村，让它火起来并不难，我们考虑的是如何可持续发展，如何在财政"断奶"后，让新康可以凭借内生动力、长效机制，永续发展。中国红色生态展览村也许可以实现这个目标，这个奇想也许会成真。

没有调查也发千言

2022 年 6 月 17 日

首次到寿宁县城，我的感觉是，清清爽爽，干干净净。

我接触了三位县领导。潘勇杰，县委副书记兼任常务副县长，也许是寿宁县最忙碌的人了，为人谦逊，思路清晰，精明能干。黄镇，县委常委、组织部长，待人热情，对获取乡村知识如饥似渴，多次邀请我为寿宁县委中心组上课，我不忍拒绝。李霞，县委常委统战部部长，她说早在 2017 年就认识我，乡村振兴就在我这里得到启蒙。在受宠若惊的同时，我老实交代，我对她的印象模糊不清。

在短短一天的时间里，我参加了一场座谈会，考察了两个村，一个是省委书记挂钩的村——坝头村，一个是宁德市委组织部长挂钩的村——含溪村。可以说是走马观花，甚至连花都看不清楚。没有了解村庄的历史脉络，没有领略当地的风土民情，没有探问群众的真实意愿——就是没有调查呗。没有调查就没有发言权，我却发了不少言。

我提出了一个构想，融合激活"三资"——高度过剩的资本、严重闲置的资产、亟待就业的人才资源。

第一，高度过剩的资本。当下，银行贷款发不出去，许多企业转战乡村，民间存储大量资本，政府专债大量发放。乡村振兴不缺钱，缺的是包装项目的经验，对接不了资金；缺的是没有考虑运营，资金争取回来了，担心还不了利息，不敢花出去。

第二，严重闲置的资产。 乡村大量民房人去楼空，荒芜的田园一望无际，即使是公产也大门紧锁，杂草丛生，这种情况比比皆是。即使在县乡政府所在地，也有许多诸如学校、粮站、供销社、电影院等闲置乃至荒废几十年。

第三，亟待就业的人才资源。 今年，农业部公布 1120 万青壮年回乡创业，教育部公布 1076 万大学生毕业，有 500 多万人报考研究生；叠加往年，数量可怕。温铁军说，沿海各省下岗失业的有 3000 万至 5000 万人。

以高度过剩的资本，来改造活化严重闲置的资产，让亟待就业的人才运营，就是（f＋epc＋o）模式，两个"运"——资本运作，项目运营。如此这般，这一盘乡村振兴的大棋是否可以走活？

目前，可能还走不活。据了解，大学毕业生们宁愿待业在家，也不想去农村，把农村视同洪水猛兽。为什么会出现如此的理解偏差，这得从老师说起，从教材说起。目前大学生在课堂所获取的知识，多是城市的、苏联的、西方的，少有农村的。学生们无从知晓农村有多元的文化价值，不理解，就无兴趣，谈何去建设？所以，乡村振兴序从源头抓起，这个源头主要是教育；要改革教材、培训老师。

我为坝头村提了三点建议。

第一，重视优秀传统文化的挖掘传承。 习近平总书记有很多新思想，我认为最重要的新思想就是弘扬优秀的传统文化。尹力非常重视传统文化，要求把三座古民居改造利用。不要再造新的人为景观，而要整理传递正确的价值观。帮助解决张姓没有宗祠的问题。

第二，把农村建得更像农村。 农村建设要逆城市，隐现代；要与城市建设背道而驰，要把现代化的设施尽量隐藏在村庄空间脉络之中。城市人来农村消费，他们想看的不是司空见惯的城里已有的东西，而是纯朴自然的乡土气息。千万不要把三座古民居门前的稻田改造成广场，农村最美的是人间烟火和田园风光，这个田就是水稻梯田；路灯太突兀了，把乡村美景切割得支离破碎；广场太多太大，花园不如菜园，石头栏杆不如绿篱。

第三，让群众参与乡村振兴。想方设法改变"政府在干，群众在看"的现象。立马让群众成为主体，也不现实；但要敢于发动群众、依靠群众，逐步让群众参与规划、决策、建设、管理。策划一场活动，把中国农民丰收节、敬老节和稻田音乐节结合起来，发动社会捐款，凝聚爱心，倡导爱老敬老的美好风尚。

我也为含溪村提了几点建议。

第一，红色文化应有当地性差异性，千篇一律就没有生命力。纪念馆可以增设互动环节、文创产品和感悟平台。建设生态博物馆，这个生态不是绿色，而是活化；展览馆展示的不仅仅有革命岁月，还有含溪原汁原味的乡村生活，如火如荼的乡村振兴。新故事照样可以传递正能量，激发人们凝聚人心，与时俱进，奋发有为。把我们党的工作融入传统习俗，化为群众自觉地发自内心的行动。这是具有重大历史意义的一个课题。

第二，学会与原住民共生共荣，探索一户两门、一宅两院的共享民宿模式。农村的最大短板就是养老，应该优先考虑日间照料等问题。

我还做了其他发言。目前阶段，知比行更重要，了解农村比建设农村更重要。如果定位不准确，含溪再砸 3000 万元，可想而知，其破坏力将是十分可怕。要把长期的价值主义和短期的目标实现相结合，乡村振兴要有政治耐力历史耐力，既要久久为功，又要时刻狠下真功；在应付检查的同时，要充分顾及农民的感受。

没有调查，却发了千言。不好意思，就此打住。

厦门人为啥舍近求远入住屏南呢？

2022 年 11 月 20 日

我很想帮岐坪村快速地成为网红村。

在一次刷抖音时，邂逅岐坪，顿时吸引了我的眼球，让我留下了深刻的印象。于是我四处打听，了解到大致方位，原来是个自然村，隶属于仙游县社硎乡塘西村。今年中秋放假那一天，我们去拜访岐坪。

车在狭小的道路自下往上爬行，旁边时而是茂密的竹林，时而是高大的古树，时而是陡峭的崖壁。车行进约两三公里后，就开进了岐坪村。只见梯田层层叠叠，稻浪翻滚；村边都是郁郁葱葱的树林；二三十座民房或点缀在稻田中，或静卧在森林边——好一派和美的田园风光。极目远眺，重峦叠嶂，一望无际。伫立厝边，徐行阡陌，清风拂面，无比清爽。

岐坪是挂在半壁的村庄，四周都是悬崖峭壁，唯独村中舒缓平阔。村庄两侧的两座高山，酷似一对兔耳。当地人说，山顶上均曾建有古寨。我们都激动不已，迫不及待地拍照发朋友圈，甚至武断地将之定位为闽中第一漂亮村。此后，就联系当地乡村干部，信心满满、热情洋溢地为之谋策划、引资源、拿项目、做宣传，还义务讲座，希冀传递理念，统一思想。

然而，一个所谓政策的原因，希望之火基本被扑灭。乡里坚持只能配套基础设施，不敢对民房改造进行补贴。我原本计划由政府负责硬装，经营者负责软装，政府投入部分用二十年回收。我们举了屏南县、永泰县的例子，均无法改变他们的思想认识。

我们看到山下的塘西村的工程建设如火如荼，有污水处理、河道改造等，据说要投入好几百万元。其实，对于塘西村而言，这两项都不是急需的，急需的是抢修濒临倒塌的民房，再培育业态，吸引人气，活化村落。我天真地想，如果把污水处理、河道改造的资金抽出部分，用于民房抢修，那该多好！当然，那是专款，不可挪用，统筹资金使用，并不是基层政府所能左右的。

我想起申报第六批中国传统村落，游洋镇被我鼓动，由我帮助，报了三个村，悉数入选，入选比例占了莆田全市的四分之三。事实上，仙游县具有中国传统村落条件的村庄，不能说比比皆是，至少数量众多。塘西村就是一个很好的传统村落。屏南县、永泰县都有数量不少的中国传统村落，他们从中得到不少的好处。永泰县今年获评全国传统村落集中连片保护利用示范县，获得补助资金4500万元。在这个领域，永泰县获得直接补助资金已经超过1亿元。由此产生的其他效益，不可估量。

屏南县的乡村活化无疑是全省最好的，尽管地理位置、交通条件、经济基础并不很好。究其原因，就是领导重视。具体表现在三个方面：

第一，集中精力抓乡村文创。

第二，敢于出台"工料法"，对于发动群众、节约资金、传承工艺等方面，有着十分重大的意义。

第三，致力于引进高人。乡村要发展，一定要有人气。屏南县对高人无比包容，任其野蛮生长。通过引进高人，再引回亲人、引来新人，龙潭村常住人口就由200多骤增600多。其他如夏地、四坪、北乾、前芬溪等很多村落都是闻名遐迩。

上个月，一个朋友给我介绍了屏南县的南湾村。这个村，我没去过没听说过；据说现在也开始火起来了。村里以非常优惠的政策吸引了一个厦门的画家入住。艺术可以活化乡村。乡村发展离不开实体产业，而文创产业可以通过不同物质间的创造性组合，生成一些实用性的产品，有助于同时实现艺术价值和经济价值。乡村是艺术创作最好的源泉，可以很好地出奇创新。这些艺术家们大都善于运用内容营销、事件营销、全媒体矩阵式传播等方式，赚取吸引力。一个艺术家带活一个村，不是神话。

厦门驱车到屏南得花四小时，他们为什么舍近求远呢？

租房建房那么难，市民下乡道路长

2022 年 12 月 24 日

一

2019 年，在博鳌乡创论坛上，我遇见了和盛家园集团董事长胡林老师。他说的两句话，让我至今记忆犹新——一是"不是农业救农村，而是土地救农村"；二是"五年之内，农村土地会放开"。

对第一句话，我深以为然：两次土地改革，都释放出无比巨大的生产力；土地问题一旦解决，其他问题均可随之迎刃而解。对于第二句话，我先是乐观其成，又逐渐地悲观起来：集体土地入市喊了多少年了，全省至今也只有晋江做试点；何时全面实施，看来是遥遥无期。

我有一好友，是福建人，制作高端的竹纤维钢构装配房，厂址也在福建。如今，他的产品在全国遍地开花，唯独在福建落地十分艰难，只好忍痛割爱，舍近求远。鼓岭柱里露营地有五六座木屋，据说有审批；而当我们咨询时，相关人员却遮遮掩掩，闪烁其词。

二

实现乡村振兴的第一条道路是城乡融合，但是城乡不平等又怎么可以融合？农村人到城里买房几乎和城里人一样，不受太多约束；城里人却不能在农村买房子卖房子，只能租，最长的租期只有二十年。

如何突破法律规定的二十年最长租期，同时又能受到法律的保护呢？我们研究了四种办法。

1．把民房当作农业生产配套设施。其实，民房本来就是农业生产配套设施，先人为方便开垦、耕种田地，就在其中建草寮木寮，发展到今天就是民房。作为农业生产配套设施，可以签订和田地一样长的租期，就可以超过二十年；当然，也要租赁一定面积的田地。

2．拆旧重建。和顺古镇的五六百家民宿大多是拆旧重建，这样最长的期限可达五十年。拆旧重建的好处很多，可以最大限度地断绝原住民的念想，减小干扰；可以彻底解决消费、隔音、潮湿等问题。关键是以什么名义报批。

3．和出租方合作。合作，一百年都可以。不过，村民参与管理容易引发矛盾，要明确规定村民没有经营权，只享受保底分红。

4．订立约束性条款。改造时，投入费用需经双方确认；二十年到期时，甲方如要收回，应给乙方当期市场造价补偿。目的不是补偿，是双方届时可以同样平等地协商，以达到续租的目的。这样，就可以做到二十年以上。浙江许多地方都实行这种办法。

前三种或与政策不符，或有村民干扰的隐患，难以操作；目前，普遍采用第四种。

很多人不想出租闲置的房子，认为没多少租金；有了钱不好分，反而造成新的矛盾，等等。原因五花八门，十分复杂。我通常会讲一句话，偶尔会有效果："房子没人住，别的东西就会住进去。"别的东西是什么东西，让他们充分发挥想象。

三

土地规定很死，又如何夹缝求生呢？

首先，要编制好乡村规划。用好"三调"成果，第三次全国土地调查已于 2022 年 5 月份正式启用，二调的成果已经停止使用，农保地面积核减了不少。做好三区三线的前期规划编制对接工作，"三区"指生态、农业、城镇三类空间；"三线"指的是根据生态空间、农业空间、城镇空间分别划定的生态保护红线、永久基本农田和城镇开发边界三条控制线、城镇开发边界线，依据"三线"规划出可建设用地。

其次，区分公建和商服等类型，走不同建设道路，大致有四种。

1. **公建项目**。村庄规划中的公建项目可以申请报批。

2. **农村村民住宅小区用地**。按程序由村民或村委会申请项目用地报批；目前，政策规定村庄之内的经营性房地产开发无法实施，该部分应列入城镇开发边界内，以储备用地方式报批。

3. **商服用地**。规划作为商服的地块，目前，农转用报批、供地还存在政策障碍，若利用存量建设用地、不需要上报地市政府批准农转用的，可先以村民住宅报批，不落实批准到具体农户，以村委会统规统建的方式批准；批准之后，镇村实施建设，这也违反建筑、规划方面的法律法规，但不严重，可实施没收、补办等处罚，不实施拆除；就罚没地上物作为国有资产，再由县国资委调拨由乡镇政府代管理，乡镇再委托相关企业经营……以上只是权宜之计，如果能等到集体土地入市政策出台，就按集体土地入市要求，补办手续。

4. **建设装配式悬空的木屋等**。要事先与当地政府沟通清楚，获得默许；利用过渡性政策，在已规避占用农保、耕地禁令，符合村庄规划的前提下，先行实施；涉及行政处罚的，以罚没国有、乡镇政府代管、委托企业运营的方式进行处理。

四

写这种文章，我心里很虚，因为对政策把握不准；但我又很想写，希望为市民到农村租房建房找到出路，为乡村振兴提供一点帮助。为此，我请教了政府官员和乡村律师。当然，主要请教了胡林老师。他介绍了秦岭地区的做法，农民自愿有偿永久退出闲置民房和宅基地，上缴村集体——这个"有偿"可以一次性交清，也可以分年度付给；村集体没钱，可以实行预收储，待出租产生租金后，再予支付；然后，实行先租后转的办法，先出租，待集体土地入市政策正式实施时，再补办转让手续。

租房建房，涉及面很广，我只会提供极其有限的建议，希望得到更多实践者关注，一起来修改补充，形成看得懂、可操作的工作手册。

吴和峰：千锤百炼铸坚骨，心灵手巧谋幸福

2015 年 8 月 29 日

今天，我们去拜访的百岁老人叫吴和峰，葛岭镇蒲边村人，1916 年 10 月出生。

一见面，我们大吃一惊。这哪儿像百岁老人啊？动作敏捷，腰板挺直，脸庞光鲜，耳聪目明，记忆力好，十分健谈。如果不是预先知道他的实际年龄，我们只能猜到七十多岁。

在旁的邻居说："如果换上西装领带，还可以去相亲呢！"

我们都开怀大笑，吴老也自信地哈哈大笑。

吴老命运多舛。5 岁失母，15 岁丧父；哥哥被抓壮丁一去不返，剩他孤单一人在田间地头摸爬滚打；25 岁结婚，妻子英年早逝；36 岁再娶一妻，妻又中风不语，幸亏三年后恢复如初；父母留下的房子毁于一场大火，自己建于溪边的房子又被洪水冲得荡然无存……接二连三的灾难并没有压倒吴老，反而让他变得更加坚强。

吴老又是幸运的。已是别人童养媳的后妻会裁缝，不嫌他年纪大，毅然决然离婚，与他携手到老。吴老是个种田好把手，在众望所归之下被推为生产队长。他所在队的粮食单产在大队乃至公社都遥遥领先，于是他被评上劳模，到县里开了一个礼拜的会，风光了好一阵子。如今吴老只种了十几棵青梅。他精耕细作，一年可以采摘五六十担果子。吴老共养育了五个儿子一个女儿，除两个儿子送人，女儿在厦门外，另外三个儿子都在身边，经济宽裕，家庭和睦。吴老豁达率性，抽烟喝酒一样不拒，至今两天还要抽一包呢。

以前的艰苦和当今的幸福，这种霄壤之别，让吴老感叹不已，感恩不尽。"现在政策好啊！"吴老念念不休。

需要强调的是：吴老擅长抓鱼，那时毛蟹满地爬，溪里很多鱼。吴老一天可以换四次网，抓鱼八九十斤。自家吃不完，就送给别人家。吴老说鱼都吃怕了，以前不懂用炖的方式更健康，要不，那吃起来该有多补啊。听起来真像天方夜谭，而旁人都争先证明确实如此。啧啧，那时候的生态！多吃鱼的人头发很少变白。我们寻思，吴老很少银发，又出奇地健康，这与多吃鱼不无关系吧。

吴老总是把自己的房间打扫得干干净净，收拾得整整齐齐。子孙儿女、邻里乡人都爱到他那里聚聚——他们说吴老没有老人那种特有的怪味。吴老"无"老，真的百年不老。吴老如今劳作不辍，在房前屋后种了很多蔬菜。去年，还去厦门女儿那里玩了5天。

告别时，吴老坚持要送我们。如果不是我们劝止，我想，吴老走路把我们送到城关都不在话下。

张龙云：淡淡定定看人生，快快乐乐养天年

2016 年 10 月 27 日

张龙云生于 1911 年 5 月，是永泰县年龄最大的男性公民，东洋乡秀峰村人，现居江苏。我打电话采访张老时，他声音洪亮，对答如流。

张龙云 5 岁丧父，6 岁丧母，6 岁至 10 岁到长庆以放养鸭子为生。10 岁至 18 岁到泉州一带打工。18 岁那年，与本村两个大人一起回家过年，在经过伏口吉坑时，被土匪抢劫一空。两位大人因此号啕

不已，可张龙云镇定自若，反劝他们："哭有啥用，明年可以再赚！"

19 岁时，张龙云去泉州打工扛木头，直至 27 岁才回家，赚回了 80 多块银圆，悉数交给哥哥娶妻，自己继续孤独一身。37 岁时，土匪火烧他家，财物尽失。张龙云说："都烧了也好，土匪不会再来了。"第二天，他就筑起土楼，从头再来，直到 47 岁时才结婚。

新中国成立后，秀峰村要评身份，差一个富裕中农的名额没有落实，其他人避之唯恐不及。他见会开不下去了，就主动提出："都没人评，就评我吧。"结果这事影响了他三十年，甚至影响到他的孙子当兵。

张老心态好。从不与人计较，更别说吵架、结怨了。老婆和儿子儿媳、女儿女婿都先他而去，他不沉浸于痛苦，只是轻轻叹口气，就去料理后事。

张老爱素食。在饥饿的年代，即使偶遇酒席，可以饕餮一顿，他也只是撕开肉，吃一小片；即使可以酩酊大醉，他也换小酒盏，饮一小杯。无论旁人如何鼓动，他都不为所动。他爱喝自己用糯米酿就的红酒。移居江苏后，也自酿红酒，但只在晚餐喝，只喝一小杯。一生喜食番薯，即使到江苏没有番薯了，也想方设法弄些番薯片，解解馋。

张老爱劳动。从小劳作到老，直至 98 岁还到杭州为孙子开办的金针菇厂看门。工厂占地面积 18 亩，张老用双手把全厂每个角落的草拔得干干净净。99 岁才回到江苏，过上了名副其实的养老生活。上个月，长孙媳住院，长孙陪侍，他就又承担起了家务。

张老身体壮。年轻时，是种田的好把手；年老了，是管家的好帮手。100 岁以前，从不吃药打针，遇上伤寒感冒，仅以刮痧喝热红酒吃葱头粉干的方法，就可恢复健康。2012 年，张老 101 岁，他回东洋拍照办二代身份证，一路轻松来回。

张老告诉我，过些日子，他要回到秀峰，他生于此、长于此，也要终老于此。

"无情不似多情苦。"张老因为看淡人生，才使心灵不受世俗羁绊，才可以活得潇潇洒洒，淡淡定定，从从容容，快快乐乐。

死亡的感悟

2015 年 4 月 18 日

父亲走了。前几天，他还在痛苦喊叫，昨天已变成一盒粉末，埋入青山绿水之中。失去亲人，肯定是悲伤的、不舍的；但我不想沉浸其中，而是想理性地思考一些问题。

1. 高龄老人的病还是要看的。

前年，我们几个兄弟陪父亲去沙县，看望年幼时逃难到那里的叔叔。在坐动车回来时，父亲几次背过气去，差点死在车上。经住院检查，医生告知是胃出血，挂瓶几天就出院了。到腊月底，快过年了，父亲又住进医院，痛得满床打滚。几个医生异口同声说百分九十九是直肠癌，如果需确诊，要做肠镜检查。但如果真是直肠癌，还要动手术、挂屎袋？在犹豫之中，父亲病情骤然加重，甚至胡言乱语不省人事。大年二十八（那年没有三十），父亲挂着装满杜冷丁的盒子，被送到老家。想不到，第二天居然可以进食；正月初一，可以起来晒太阳了。

去年，父亲频繁地从医院进进出出，整天喊痛，又说不出哪里痛；医院不是无法检查就是检查不出。临近年关，我们又把父亲送到了老家。赤脚医生说是贫血，就挂一些补气的药。大年二十七，父亲基本无法进食；正月初二，父亲最后一次出去晒太阳；初五，只能喝些开水；初六上午，最后一次起床小便，9 点多突然无法言语无法动弹，一时没有了呼吸；返过来后，就只会痛叫了；初七初八初九，都是在连续不断地痛叫；初十上午，在吞下两口温水后不久，停止了喊叫，停止了呼吸。

现在看来，父亲肯定不是患直肠癌。那到底是什么病呢？真的只是器官机能衰竭吗？如果能够查出病因，再对症下药，父亲完全可以再活几年，可以少受点痛苦。所以，我们不能简单地认为，人老了，就是油枯了机器坏了，就听之任之，等待着那一天的到来。

2. 死是人生最重要的组成部分。

人们常说生老病死，这都是人生几个环节；但人们对死是人生的重要组成部分这一点，似乎认识不足。其实，死比生更有切身的感受。据说，人刚出生时，几乎没有感觉，所以有的母亲喂婴儿黄连，婴儿也不觉得苦。而到了老年，痛点下降，小小的一点毛病，就会痛得浑身打战。所以，老年人在喊苦叫痛的时候，不全是无病呻吟、小题大做，不见得是心理问题啊。

父亲在临终前几天，一直在喊爹叫娘，一直在叫受坏落难。听他叫得悲惨凄凉，看他痛得死去活来，我们都想减轻分担他的痛苦；然而，我们束手无策，只能站在一旁干着急。人可以选择不生育；即使活得分高贵贫贱，也都可自取其乐；唯独死的痛苦，无法逃避、选择。无论你出生得多么顺利，生活得多么自在，都难避免死得不痛快。而在这三者中，前二者都来得容易些，唯独死得痛快是多么难的一件事啊。现在，我终于明白了，骂人最狠毒的一句话就是：你不得好死。

3. 需要一个职业。

接生婆是为了人出生顺利而应运而生的，就是为婴儿断脐，让之与母体分离。应该有一种职业，让在病魔中饱受折磨的人选择与人间分离。我知道，人们自然想到安乐死。全世界从法律上允许安乐死的国家寥寥无几。人们就是不敢冲破道德的藩篱。我认为，对于痛不欲生的病人，强行用药物让他苟延残喘，继续在病痛中煎熬，才是不道德的行为，甚至是犯罪。早点让他解脱痛苦，很多时候才是病者渴求的，家属欢迎的——我觉得这才是最好的临终关怀，才是高尚的伦理道德；这种职业是太阳底下最崇高的职业，应该生成法律规定的内容。有朝一日，我在临终时不愿在病痛中挣扎，愿意在这种职业手中超脱。我还想不出这种职业叫什么名称，不管怎样，绝对是人人尊敬、家家欢迎的职业。我期待早点产生这个职业，不能让诸如我的父亲类似的痛苦一代一代地重演。

4. 父亲最后做了大好事。

家乡传说，人要是在临近大年时死去，到了阴间会被当作岁猪来杀，所以叫作年暝猪；拖到正月死去，才是美差，是去做客人的。为了让父亲去做客，我们一直给他打补气的针；直到初六，医生说再输液实在没有意义了，但是还打了强心针。有人就说，就是因为打了太多针，所以才拖了那么久。初六，乡亲们聚集在我老家闹元宵，祈求一年风调雨顺、国泰民安。那天上午，父亲从死亡线上又回过气来。在那个热闹喜庆的日子里，他宁愿自己备受折磨，也不想大煞风景；在大功告成后，他才溘然离世。初十离世那一天，有人告诉我那是个大好日子。在接下来的几天里，天气好得出奇，事情顺得巧妙。十三下午，出殡回龙时，天下了大雨。我想，一生忠厚老实的父亲拼着最后一口气，为我们为乡亲做了一件大好事。

父亲在九泉之下也应该瞑目。弥留之际，济济一堂的子孙为他送终。去世之后，五六百人的亲朋好友、领导同事前来吊唁送葬。在福州的外甥来了；远在沙县的叔叔来了。叔叔已经83岁了，身体不好，但他坚持经过崎岖弯曲的山路的颠簸，来送极少会面的哥哥最后一程，还带来了子女，还带着全身的白衣。父亲去世，我流了很多眼泪；见到年迈的叔叔，我又流了更多的眼泪。这种亲情真的会让我感动一辈子。

十三清晨，在悲伤缓慢的哀乐中，我和老婆都发现，东边的天际裂开一道口子，跃出一只舞动的金色凤凰；我们用手机拍了下来，我们知道，她不是来送别的，而是接父亲到传说中的极乐世界。

永泰百岁老人的长寿秘诀

2015 年 10 月

永泰为何有这么多的长寿老人，永泰人的长寿秘诀是什么呢？永泰人长寿与良好的生态环境有密切关系，更与健康的生活方式、和谐的社会环境、崇文尚武的人文底蕴等有关。这里主要谈两点。

1. 良好的生态环境。

第一，空气好。 永泰森林覆盖率为 74.57%，无工业污染，空气质量高。2014 年，永泰城区空气质量指数 AQI 为 51，空气质量优良；乡村空气质量更佳，达到环境功能区要求的一级标准。云顶等景区 PM2.5 值范围达到 $0.014mg/m^3$ 至 $0.028mg/m^3$，远低于《环境空气质量标准》规定的 GB3095—2012 一级标准（PM2.5 值 $0.035mg/m^3$）；负氧离子含量接近 1 万个 $/cm^3$，比世界卫生组织核定的清新空气 1000 个 $/cm^3$ 至 1500 个 $/cm^3$ 高得多，堪称"天然氧吧"。负氧离子被称为空气中的"维生素"和"长寿素"，能够改善肺的换气功能，增加肺活量，起到止咳、平喘、祛痰的作用；能够改善和调节神经系统和大脑的功能状态，调节抑制兴奋过程，起镇定安眠、稳定情绪的作用；能够促进人体的生物氧化和新陈代谢，善心肌功能……适量的负离子对许多老年人的常见病、多发病具有预防和治疗作用。

第二，水质好。世界卫生组织认为，好水应具备三种条件：无污染的（干净的）、弱碱性的（符合人体营养生理需要的）、小分子水（具有生活活力的水）。永泰城乡饮用水质量优良，农村多饮用的井水、山泉水就是小分子团水、无污染的水，即"长寿水"；城镇饮用水源全部达标，大樟溪地表水达到Ⅱ类水标准，有的达到Ⅰ类水标准。

第三，土质好。永泰耕作土壤环境质量好，无工业重金属污染。土壤农业种植方式较原始，大量使用农家肥，产出的农产品少农药、化肥残留，是适合人类健康的绿色食品。

2. 健康的生活方式。

第一，合理的饮食习惯。永泰人民饮食口味以清淡为主，主食稻米，辅以番薯；多食蔬菜、水果等土生土长的食物，少量鱼、肉、蛋等高热量、高脂肪食物。特别是永泰人还有食用山茶油的传统。油茶与油棕、油橄榄和椰子并称为世界四大木本食用油料植物。茶油的不饱和脂肪酸含量高达 90%，远远高于菜油、花生油和豆油，比橄榄油维生素 E 含量高一倍，并含有山茶甙等特定生理活性物质，具有极高的营养价值，国际上称之为"长寿油"。茶油的主要脂肪酸成分是油酸，其含量可达 83% 左右，极易被人体吸收，同时还能促进人体对脂溶性纤维及钙、铁、锌等微量元素的吸收。茶油含量丰富的不饱和脂肪酸能使血液中胆固醇的浓度降低，可以防止动脉硬化，抑制和预防冠心病、高血压等心脑血管疾病。茶油具有较高含量的天然抗氧化成分维生素 E、维生素 D，能有效地补充人体所需的营养，清除有害成分，延缓细胞老化，保持细胞活力。山茶油不含可使人体致癌的黄曲霉素，长期食用对高血压、心脏病等疾病有一定的预防作用，特别适合中老年人食用。

第二，科学的养生之道。 永泰是"中国温泉之乡"：永泰人历来喜欢泡温泉，永泰温泉具有水温高、流量大、分布广、水质好、埋藏浅、无污染等特点。温泉水 pH 值 7 至 8.5，为弱碱性热矿水，溶解固体 240mg/c 至 660mg/c 之间，温泉含有氡、钾、钠、钙、铁、锶、锂、镁、氟、氯、碘、硫黄偏硼酸、偏硅酸等 20 多种对人体健康有益的矿物质和微量元素，特别是镭射气元素氡含量达 1030 贝壳/升至 1050 贝壳/升。氡气属脂溶性气体，溶于水能穿透到神经组织内部，放射出具有物理活性的 α、β、γ 射线，促进人体微循环，具有极高的疗养保健价值。常泡温泉还可以治疗慢性胃肠炎，防止心脑血管疾病、腰腿伤痛、高脂血症、风湿关节炎、皮肤病等，有促进人体新陈代谢、延缓衰老、增强机体免疫功能。《永泰县志》记载：泰定甲子、梧桐汤埕陈俊，常泡温泉，历经五代、宋元三朝，寿命达 444 岁（881—1324），人称"小彭祖"，汤埕温泉亦被当地群众誉为"长寿汤"。

第三，悠闲的生活节奏。 永泰山高水深，长期经济落后，相当多的农村还保持着自给自足的自然经济状态，仍然过着日出而作、日落而归的农耕生活。与城市的快节奏相比，永泰人的生活节奏缓慢，精神压力较小，能拥有充足的睡眠和规律的作息，身心健康。同时，永泰民风淳朴，晒太阳、串门子、唠家常是永泰人最喜爱的休闲生活方式，也有利于健康。

第四，适当的运动锻炼。 永泰是全国"武术之乡"，永泰人崇文尚武，习武成风。永泰武文化博大精深，自宋代张圣君首创"牛法""猴法""鹤法"，后人又创了"龙尊""虎尊"等 13 种拳法，是南拳的故乡。科学的武术锻炼能强身健体，延年益寿。

95 岁外公的秘密

2018 年 6 月 18 日

我外公（准确地说是我老婆的外公）叫唐梅馨，1923 年出生。外公一生经历了大风大浪，也积累了有趣的长寿经验。大部分时间，外公是清醒的。那时，他谈笑风生，无论革命战争时期，还是和平建设时期，几个重要事件的时间、地点、人物、事件，甚至天气，他都记得清清楚楚，娓娓道来，如同发生在昨日。因外公忠诚厚道，在淮海战役中，担任连队的保管，身上背着金银细软，参与过解放战争。

1. **淡泊名利可以健康长寿**。1950 年，外公带部队到永泰帮助地方剿匪；5 月 3 日，任梧桐区委二区书记。从此以后，外公担任过木工厂厂长、化工厂厂长、农械厂厂长、工交部部长、林业局局长、经委主任等职，直至离休。在几十年的漫长时间里，外公始终是一名科级干部。和他一起来永泰的战友，早已身居要职，却不在人间。20 世纪 70 年代，外公在半山腰上建了自己的房子，但是直到前几年才解决卫生间的问题。不争名利、不图享受，就是外公健康长寿的奥秘。

2. **鲐背之年也要有所作为**。外公生活很有规律，看报纸，看电视，做笔记，写回忆录，每天都忙个不停。他写的蝇头小字，笔力遒劲，字迹工整，改动的地方甚少，像是一气呵成。今年，外公终于停歇了下来，只看动画片——他说只有动画片才好看。看来，富有童趣的东西才是最真实而永恒的。

记住十句口诀，助你乡村振兴

2018 年 2 月 22 日

1. **小而美，多元化**。发挥永泰的地理优势，从追求大规模转向小而美、小而精、小而全的乡村经济发展思路。发展景观、体验、立体循环等"两型"农业。要留野味，微文创。

2. 是修复，非打造。城市是人造的，乡村是"神"（自然）造的。在读懂乡村、保护乡村中，只要修复乡村，而不要打造乡村，尽量减少人工痕迹。

3. 多样化，不复制。多样性是乡村的特征，标准化是城市的特征。乡村千差万别，这是乡村的魅力，是城市人的最爱；城市千城一面，是城市的性格，也是城市人的无奈。它们之间没有高下，生产方式与生活方式决定了城乡形态。乡村能复制的不是"精"，是"神"。要争第一，做唯一。

4. 逆城市，隐现代。同时，要懂城里，活业态，了解掌握城里人的心理，尤其是"90后""00后"消费主流的心理，培育相对应的业态。

5. 轻设计，重回忆。要带着感恩、报答之心，到乡村与古人对话，拜农民为师。要轻设计，重回忆。古人最懂环境科学，最讲究天人合一，把它修复起来，就再好不过了。

6. 有文化，最关键。要先成为中国人、学习传统文化，才能当农民。要倡导修宗祠、编族谱。只有答好"我是谁""我从哪里来"的问题，才能解决"我要到哪里去"的问题。农业不仅要一二三产融合，更要四五六产融合——第四产就是健康养生，和水、空气、土地相融合；第五产就是文化教育，和中小学生的研学旅行、高等院校的课外教学实践基地相融合；第六产就是把历史传承、民间信仰相融合。农业和文化一旦融合，前景必定无比广阔。

7. 年轻人，要回家。评判乡建是否成功的重要标准，就是年轻人是否回家。没有青年的乡村是没有未来的乡村，乡村复兴不是鼓励资本下乡，而是鼓励青年下乡，新乡贤回乡。要调整政策，允许告老还乡、叶落归根。

8．变市民，为农民。 可参照借鉴武汉市日前出台的"黄金二十条"，吸引"能人""企业家""知识分子"以及"榕城市民"等四类人下乡，以"新三民（原住民、游客、新移民）主义"拯救日趋衰败的乡村，充分利用农村空闲农房，允许建设必要的附属设施，增加农村集体经济组织和农民空闲农房的财产性收入，实现"十万榕民下樟溪"的繁荣景象。

9．熟人圈，首自治。 乡村是熟人社会，要以自治为主，辅以德治、法治。民政部门要方便群众，以便于广泛建立理事会等社会组织，充分发挥其在民居维修、新村建设、社会治理方面的作用，以减少政府行政成本，节约中间环节，化解干群矛盾。

10．三句话，要记牢。 没有文化的支撑是走不远的，没有村民的参与是走不稳的，没有"大咖"的助推是走不快的。

最后一村，梧桐盘富

2018 年 5 月 18 日

有人夸我是永泰活地图；我也沾沾自喜，常常吹嘘。其实不然，我还差一个行政村盘富没去过；即使到过的也大都来去匆匆，走马观花。盘富属于梧桐镇，盘洋的盘，三富的富。到盘富要先经仙游地界，再返回永泰地界，像是飞地。难怪我姗姗来迟。

路很近，但很差。说是做高速时弄坏的，什么时候修不知道。先到下沽，我看到一大片落差很大的漂亮梯田，却荒草萋萋，深感痛惜，可这是农村普遍现象，已无回天之力。车在峡谷中继续穿行，路边是隐藏在树丛中的蜿蜒小溪。峡谷很长，像时光隧道。

渐渐地，我感到盘富有种与众不同的味道：植被特别好，郁郁葱葱；山形很好看，层层叠叠，山上险峻，山下平缓。民房依山就势，靠山面田。只是梯田也大都荒芜了。

可以想象，如果这些传统耕作系统还在，无论田芜秧绿，还是稻黄冬闲，都是一幅美丽的画卷。梯田最美，有线条分明的美，有四季变幻的美，有劳动场景的美……但这种美都已经变成记忆。

我们遇见一个正在劳作的妇女。她远远见到我们走近，就扔下锄头，招呼我们到她家喝茶。她抱出五六瓶矿泉水，又端出一箱红牛，快速撕开保护膜，塞给我们喝；还一再邀请我们留下来吃午饭——才早上八点多呀！我们当然没有留下吃饭，可在这酷热天气里，仿佛沐浴到沁入心脾的清凉。还好！农村的热情好客还在，真诚淳朴还在。

整个村庄看着很舒服。格局既视野开阔，又藏风聚气；民房既成群结队，又错落有致；当然也有一些不和谐的东西，但基本上被波涛汹涌的绿浪所淹没。

说起农村不和谐的东西，我最厌恶的是新建坟墓，不管从情理上还是从政策上，都说不过去——绿水青山变得千疮百孔，则发展优势全失，难以为继。其次是杆线，十几个部门各行其是，于是，挡住了房屋的进水出水，破坏了稻田完整格局，也把天空切割得支离破碎。还有新建房屋，非得在自然本真的传统村落里，建些体量庞大高耸入云的钢筋水泥房，把村落打破搅乱，让祖屋退居其次，把天际线野蛮遮挡；一年也住不了几天，连卫生都无法打理。还有，过度硬化，活生生地阻断地气；人为取直，毁灭优美的曲线；盲目复制，村村面貌如出一辙；追求现代，村落变得不伦不类，等等。中华民族的审美能力在随着社会经济的进步而逐步倒退。春秋战国时的诸子百家，哲人圣人层出不穷，为我们留下了大量的精神遗产；唐宋时期的诗歌、词赋、雕塑等文化遗产，到今天还在深深地影响着全世界；中国明清时期的建筑、用具、家具过了几百年了，依然经典……

现代社会，我们钱比古代多，物资比古代丰富，科技比古代先进，但是我们建出来的东西为什么如此丑陋？就是没有文化。

永泰庄寨的建筑工艺的精美会让你想到一百年多前的先人对生活和美的态度。而现在的农村建房一味地贪大求洋，罔顾实用和美观，犹如垃圾一般堆在青山绿水中，只有被铲除的命运。

盘富是我游山玩水的最后一个行政村，看得舒心，想得很多——完美收官。

乡间的小路，心中的村标

2018 年 8 月 4 日

当下，许多村落热衷于建村标。建村标，为人指明方向，辨识地点，介绍情况，本无可非议。窃以为，树一块路牌足矣，成本低微而功能齐聚，且不占用地盘，不破坏植被，不阻挡风景。然而，一些村落耗巨资，砍树木、挖山头，建设大牌坊、大围墙、大门楼。甚至有一个村建起一座巨大的假山，上刻歪歪扭扭的三字村名；结果只是阻挡风景，大煞风景。

村标不可无中生有，贪大求洋。农村不是建设，不是打造，而是修复。要轻设计，重回忆；要逆城市，隐现代。尽量保护原有生态，尽量减少人工痕迹。孙君提出要不砍一棵树、不改一段路、不填一口井，把农村建得更像农村。

村标可能是一座古庙、一棵大树、一道山坡、一泓湖水、一面崖壁，也可能是嘹亮的山歌、清脆的鸟鸣、袅袅的炊烟，绝不是用钢筋水泥筑成的假山，那只是成为负面教材。

本节把乡间的小路献给大家，希望从中可以找到心仪的村标，或受到启发，找到心中的村标。

同样道理，永泰庄寨不是要建成堆砌展品的博物馆，供人吃玩的精品酒店，研讨部署的会议中心。我们要增强文化自信，要发现、重估、输出乡村价值。我们要挖掘整理传统村落里的知识点、智慧点、哲学点，变输入为输出，实现城市和农村的价值交换。依托乡土文化、乡村制度、乡里物产、乡间手艺、乡居生活，输出乡里好食材、乡土好味道、乡间好手艺、乡居慢生活。

要以永泰庄寨为基地，开展亲情、亲乡土、亲自然三亲教育。展开来说就是：以孝道为根的亲情教育，培养儿童感恩之心，扎下做人的根本；以仁德为本的亲乡土教育，培养儿童仁爱之心，种下爱国爱家的种子；以亲自然为师的开慧教育，培养儿童好奇之心，形成全脑思维的德慧双全人才。

文化可以建立自我循环的闭合系统，要从吃玩旅游的大众化转向感动体验的高端化。乡愁的寄托，爱情的邂逅，良心的回归，灵感的涌动，激情的抒发，宗教的崇拜，等等，才是 4.0＋的乡村发展的感动模式。

永泰庄寨就是文化输出的平台、感动体验的殿堂，变"我跟钱走"为"钱跟我走"，推动永泰从吃玩旅游的大众化模式转向感动体验的高端化发展。

一百年后水泥建筑怎么办？

2018 年 9 月 8 日

最近，我一直为一件事情忧心忡忡。我听说水泥的寿命只有五十年。那么一百年之后，钢筋水泥建筑便成了危房危桥危路，便成了心腹大患。珠港澳大桥设计年限最长，也只有一百二十年。年限一到，不拆，危机四伏；要拆，如何安置？如何拆除？如何填埋？估计只能废弃，另外择地新建。这必然出现城市大逃亡的可怕悲剧。

由此看来，乡村振兴只需耐心等待，局面定会自然扭转。

我们的祖先就地取材，用石木土建房，一用就是一两百年；大修之后，又可使用上百年；即使拆除了，木料可以继续利用，土石可以就地摊平。土归土，尘归尘，一切回归自然，不留任何后遗症。

所以，为了给子孙留后路，我们不要贪图便利，要少建水泥房；应该学习传统做法，建设可持续发展的家园。

由此，想到目前建设历史文化街区，我是举双手大声叫好。祖宗留下的来之不易、弥足珍贵的东西，如果断送在我们这一代人的身上，那是上对不起祖宗，下对不起子孙。所以宁可少建几座楼，少修几条路，也要保护好历史文化。建不必要的建筑只能留下垃圾。历史将考验我们是否具有长远的眼光、进步的思想，是否敢于担当。

眼下，过度硬化随处可见，有人美其名曰方便。其实，这只是给自己方便，而要给子孙不便。多积些"阴德"，才会入土为安。

小小白杜，振兴之路

2019 年 3 月 28 日

只匆匆一瞥，我就刻骨铭心，从此魂萦梦牵。

我们从同安镇上庄村泮水自然村分路，驶向小白杜。车在崇山峻岭中盘旋而下，在遮天蔽日的林中穿行。一条机耕路狭小陡峭，弯曲坎坷。我们一路颠簸，险象环生。

见到梯田了，我们下车步行。只见路越来越宽，天越来越广，不久即豁然开朗。小白杜横亘在山谷之中，山上森林郁郁葱葱，山腰以下都是蜿蜒逶迤的梯田，民居点缀在梯田之间。小白杜溪从村中穿过，流水淙淙；水口把得严实，还修了一座水库。

这些梯田应该都是水田，眼前成了绿得出油绵延不绝的草甸；几百只的山羊徜徉其中，旁若无人地吃草嬉戏；也有黄牛，见到我们，怯生生地叫着，随即又埋头嚼草。我真想在这软绵绵的草甸上躺下来，打几个滚，翻几个跟斗；可惜，太阳已经挂在天边了，我们就只是匆忙而略带兴奋地拍照。

小白杜原有 600 多人口，曾是明朝遗民鄢正重的隐居之所，后居陈李两姓，1982 年开始外迁。现仅有一对夫妇留守养牛放羊，但外迁的人每年均回家闹元宵。村庄中心有 500 多亩梯田。村尾有一座精致的小庙，香火缭绕。此村未亡，还生生不息。

在回县城的路上，我们就迫不及待地发微信、抖音，马上引起了强烈的反响。有人留言问在何处，有人致电咨询怎么走，有人计划就在本周末，穿过正在如火如荼建设美丽乡村的白杜村，跨过大樟溪，经溪北，溯溪而上，要在小白杜露营过夜望星空。

一个网友留言："这才是我心中的美丽乡村。"这引发了我的深思——小白杜为什么仅凭照片，顷刻之间，关注如潮，反响如此强烈？其实很简单，因为她像乡村该有的样子。没有宣传标语铺天盖地，没有因过度硬化而不接地气，没有杆线把天空切割破碎支离，没有青蛙跳不上去的水泥溪壁，没有因禁养牲畜而变得一片死寂。小白杜没有画蛇添足的人工痕迹，她自然、淳朴、宁静，是当今人们心中的桃花源。

心中桃花源何止小白杜？我们熟悉的自己生活过的村庄何尝不是桃花源？如今人们追求清新的空气、干净的水、安全的食品，在几十年前，这些可是充斥身边、比比皆是。小时候，我到嵩口陈铺走亲戚，那里有条人工东坡渠。我发现，清晨，人们到渠边挑水喝；傍晚，却在渠边洗马桶。这说明：水很干净，人守规矩。

由此我想起，渴望性爱、传宗接代自古以来就是人之常情、天经地义的事情。可如今，很多人不爱恋爱了，不爱结婚了，结婚了不要孩子了，想要孩子却生不出来了；过去怕怀胎，现在要保胎——人之常情变成了痛苦的事情。生理机能衰退的原因，正是环境污染。

我相信，若干年后，中国最不值钱的是房子，那最值钱的是什么？是农村的土地，农村没有污染的土地。不是我们拯救农村，而是农村拯救我们。像小白杜荒芜几十年的耕地，不会板结化金属化，假以原种原种原产，可以让人们生态养生，健康如初。

乡村振兴之路，也是拯救人类之路，也许就是这里。

大坪，大美！

2019 年 5 月 11 日

我是第三次到白云乡大坪村。四点半从县城出发，到那里时，天已大亮；可是既没云雾也没阳光，从拍照而言，是个坏天气；但是感觉胜过以往；因为耗时更长，看得更多，感受更深。

遇到一老农，自称闽清人，不知大坪这个飞地怎么被划到永泰。传说古时候大坪死了一个人，没人收埋。福州府就下令，永泰、闽清的县令谁先到场处理，大坪就归谁。闽清的县令坐轿，永泰的县令走路，结果可想而知——谁接地气谁就成功，这个道理亘古不变。白岩山上巨大的大拇指石是为永泰县令而树。

有人认为，古人爱吹牛，事实要倒过来看。我们不必过分认真，人人都希望表达良好愿望。大坪崎岖陡峭，几无平地，遂名大坪。我老家东洋，哪有洋？把堰塞湖叫作海，缺水的地方叫天水，一马平川的地方叫高山，都出于同样的心理。

随行的小张说："我走了永泰那么多村，这个村最漂亮！"是否为最，我不敢断言，但名列前茅是毫无疑义的。

大坪的美就在于它是名副其实的农村，没有太多人工的雕琢，古朴宁静自然，就是城市人心中的桃花源。

这里的山爽朗险峻，其中有两座酷似卧狮。号称"三狮拱卫"的白云，也仅一只挺像而已。这里的树高大挺拔，隔头寨旁边的松树，我认为是全县最高大的。这里的民居飘逸舒展，潇洒地静卧在山岗上、山腰间；其中的滂庐规模很大，建筑精美，也人才辈出，在东南亚一带很有名气。20世纪90年代，滂庐维修，远在东南亚的乡亲出了大头。隔头寨虽残缺不全但环境优美，寨墙厚实高大，实属罕见。山里空气清新，心旷神怡。油桐花漫山遍野地开放，那种无法形容的微微香味，弥漫到神经的末梢，令人如痴如醉，飘然欲仙。也许是心理原因吧，一条水泥路也像彩带飞舞，美感十足。最有特色的是这里的梯田，虽然已经大都湮没在荒草之中，但不难想象，其气势宏伟壮阔，落差两三百米，面积一两千亩，民居点缀其间……如能恢复，定是令人心驰神往、震撼不已的大美景象。

我一直以为梯田非常漂亮，可惜如今的梯田非荒草萋萋即果树成片，种植的也以芋头居多。芋头经济效益比水稻高得多，农民市场意识很强，就随时调整种植品种。

乡村振兴其中重要的一点，就是要吸引市民下乡。温铁军教授根据永泰的地理位置、交通条件、自然环境、传统文化，提出了"十万榕民下樟溪"伟大构想。

大坪目前看似是孤寂的，甚至是衰败的，但是在蓄势待发，等候逆城市化的到来。

盘富，盘富，盘整即富

2019 年 5 月 3 日

"我后悔了，不想出来玩了——我想回家！"打开抖音，这些无奈的呐喊就劈头盖脸地扑面而来。景区只剩下了一个景点：人海！

我们偏走乡村，却心旷神怡，大有斩获。在这里，我们可以登高望远，一览无余；可以落溪下水，摸螺捉鱼；可以现摘野生草莓，入口即化；可以品尝农家米酒，促膝夜话。

5 月 2 日，我们第三次到梧桐镇盘富村。盘富，盘富，通过盘整就可以富起来。一群有情怀有实力有眼光的盘富人已经开始认真盘整了。他们组队到江西学习贡米种植，到浙江参观莫干山民宿。今天，他们三十多人从江苏、上海等地相约回家，共商乡村振兴大计。

前几年，他们自发成立基金会，募捐了三十几万元，为家乡办了很多公益，基金会最伟大之处是保护家乡不受破坏。今天，他们要成立村投，自己率先投资，发动全村乡亲以土地、现金等入股。他们要用自己山外所赚的钱带领乡亲共同致富。村投可以整合资源，可以对接金融，可以为投资者权益提供保障。他们深知"乡村振兴，金融先行"的道理，要以村投这个杠杆撬动乡村发展。

他们已经开始垦复荒废多年的梯田。梯田很美，他们要原种原产粮食。农村不仅要给人清新的空气、干净的水，还要给人安全的食物。说乡村拯救我们，如何拯救？就是要提供安全的自然生态，和谐的人际关系。

他们要用新理念、新技术、新材料建民宿，注意与村庄格局相融，与原有民居相融。村民办民宿，其实应叫乡宿，不存在亏本的问题，至少赚取自己住宿条件的改善。他们已经修了族谱，又筹建宗祠。宗祠有祭拜功能，有公益功能，还要增加娱乐功能。宗祠功能齐全了，闲置的民房就可以腾出，引进各种业态。修谱筑祠，是凝聚人心最直接、最有效、最可持续的手段，是助推乡村振兴强大的力量。

"把农村建得更像农村"，这个理念已经根植于他们心中。他们认为，基础设施建设要充分考虑实际功用和后期管护，不要以所谓美观、验收为由，把田野建得让农民不便劳作，不愿劳作；不要把公园变公怨，没电点灯，没人拔草浇水。

著名教授杜晓帆曾为容就庄题字："人是文化遗产的核心。"孙君老师一再强调要培养当地的建设运营队伍，他说："一个好干部会值一个亿。"人是最宝贵的资源，最重要的因素。盘富村拥有了最宝贵的资源、最重要的因素，就一定会富起来，以后游客来了不会喊"要回家"，而是可能不想回家了。

文化可以建立自我循环的闭合系统，要从吃玩旅游的大众化转向感动体验的高端化。乡愁的寄托，爱情的邂逅，良心的回归，灵感的涌动，激情的抒发，宗教的崇拜，等等，才是 4.0＋的乡村发展的感动模式。

永泰庄寨就是文化输出的平台，感动体验的殿堂。

他们拿到了未来人类诺亚方舟的船票

2019 年 6 月 14 日

6 月 9 日，交通不便的梧桐镇盘富村举办了插秧节。乡亲们从四面八方回家，无论在北京还是上海，无论是亿万富豪还是大学教授，都重新聚首于田间地头。他们躬身面土，播种梦想，播种希望。寂静已久的偏僻山村，人头攒动，热闹非凡。

几年前，盘富村的一群年轻人在陈进嵩、陈家彬的带领下，成立了慈善基金会，其主要作用就是保护家园。但是如何保护，他们一时无计可施。去年以来，在各方的帮助下，他们组队外出考察，多次召开研讨会，开阔了视野，统一了思想，明确了方向。

他们认为，村里的稻田是最亮丽、最温情、最壮美的风景，是村落存在的核心标志。稻田消失就意味村落彻底逝去；留住稻田就留住了村庄，留住了记忆，留住了希望。

于是，他们计划投入200万元，复垦400亩荒废了近二十年的梯田，今年已经复垦120亩。这些先祖用血汗和生命开垦出来的梯田，重新露出了妩媚潇洒的曲线——层层叠叠，犹如串串银链挂在山间；又像跳动音符的五线谱，传递美妙的节奏感和韵律感。其美，让人震撼，让人遐想——我甚至认为梯田是人类登上幸福天堂的梯子。

他们和江西稻香南垣合作社理事长姚慧峰合作，要原种原种原产有机早冬米。什么是有机？就是不施农药化肥，原种原种原产。孙君说，检验有机的标准就是地下有蚯蚓，花上有蝴蝶，树上有鸟叫。如今，人们单性种植，滥施农药化肥，土壤贫瘠化，镉严重超标，导致不育不孕，癌症高发。盘富人为保品质，宁受经济失败的风险。

盘富人这个有远见、有智慧、有勇气的举动，实在是了不起！他们表面上只是恢复了传统的耕作生产，其实是保护了赖以生存的生态环境，如此才得以延续千百年来生生不息的生活，最终是拯救岌岌可危的人类生命。他们是抢先一步拿到了未来人类诺亚方舟的船票。

他们以此为契机，开展了深入讨论，计划成立村投公司。村投公司是在村两委领导下，村民人人参与，由能人引领发展的村级投资公司。它可以整合资源，调动民智民力，搭建资源与金融对接的平台，在投资者和出租者之间筑一道化解矛盾纠纷的防火墙；是农村发展最便捷、最有效、最可持续的一条途径。

未来的道路还非常艰难漫长，盘富人几百颗炽热的心一起跋涉，一定会登上成功的巅峰。

盘富，盘富，盘整即富；盘富复兴，从此起航。

农民主体，四生有幸

2019 年 12 月 30 日

12 月 29 日，"农民主体，共创共享"——乡村振兴蜀山高峰论坛在合肥举行，我受农道联众的邀请，有幸分享了来自著名专家学者的探索经验。

说是有幸，不是客套，至少有三点让我始料未及，甚至喜出望外。一是好几位演讲嘉宾是中央一号文件起草组成员，他们传递了最新潮、最权威的声音。二是农道成绩之突出，覆盖之广泛，功能之齐全，结构之严密，让我大开眼界——可惜福建没有。三是孙君始终是最聚焦的明星，连专家们也对他赞赏有加。

我们参观了岭南村，确实给人耳目一新的感觉。他们提出重建新乡村的"三个不能"：设计，不能没有农民参加；规划，不能掩盖历史的痕迹；重塑，不能让原有的村庄没落。实施旧村改造，不赶人、不扒房、不砍树、不填塘。让屋宇院落、路树沟塘各守其位；让古典与现代融合，传统与时尚并存。我县新一轮的规划，一定要抛弃城市思维，要向老农学习，向历史学习。岭南让企业托底，实行设计、施工、运营一体化，形成了良性循环，持续发展。我县是建筑之乡，我们不仅要懂建筑，更要善运营，让运营前置，规划设计施工都为运营服务。岭南改造老村庄、培育新村民、重塑旧农业三位一体，组合推进，引领农民实践"原种农业"，卖到了好价钱。综观成功案例，无不成立合作社。合作社的好处已逐步为人认识，关键是找准带头人，找准项目作为切入点。盘富村也试行"原种农业"，走出了一条新路好路，他们水稻种植成功了，又开始种植猕猴桃。村民信心越来越足，参加合作社的人越来越多。这种做法要在全县推广。

论坛突出了"农民主体"的主题。专家们认为，新乡村依然是一个以农业为基础的乡村，首先是乡村人的乡村，是乡村人看到希望的乡村。乡村振兴本质上是提升农民的生活质量，可以归纳为"四生有幸"：生产＋生活＋生态＋生死＝幸福，不仅表现在有一个良好的人居环境，一个持续发展的乡村经济态势，还表现在有一个有温度感、人情味的乡村秩序。构建乡村"善治"秩序，具体表现在传统的孝道意识（百善孝为先）、敬畏意识（举头三尺有神明）、诚信意识（人无信不立，人无诚不兴）。

乡村的魅力不是生产，而是生活。乡村生活就是产业，乡村振兴就是平平常常的安居乐业。乡村，表面散，心聚；城市，表面聚，心散。乡村是狗围着人转；城市是人围着狗转。有机，是城市人的最高标准是农村人最低的标准。乡村振兴从"谱"开始，让人人更懂谱，更有谱，更靠谱。所以，乡村振兴要逆城市，隐现代。

他让自己已经多活了七年

2020 年 3 月 5 日

永泰县长庆镇岭兜村是个毫不起眼的村庄。该村村民张兴朝，熟人都称之为阿朝，身材瘦小，讲话低声细语的，乍看毫不起眼。然而，就是这样一个人物，却演绎了一段令人惊叹的神奇。

2012 年 8 月，阿朝感到腰部疼痛，到嵩口医院、县医院查了十几次，均未查出病因。再到福州省二医院、肿瘤医院、协和医院检查，才知是原发性癌症。术后，经病理分析，确诊为肾上腺皮质癌，病情复杂。医生断定存活时间三到四个月，最多不出半年。2015 年，阿朝到协和医院复查时，在场的医生无不觉得意外，连说："不可能，不可能！"2016 年 9 月，阿朝癌症复发，接受了第二次手术。2018 年、2019 年，阿朝两次放疗。协和医院大胆尝试，救活一个奇才，积累了成功案例。

2020年3月4日上午，我们来到岭兜村卫生所。阿朝正为一个患者推拿拔罐，他气色很好，十分健谈，思维敏捷。我们一行都感到惊讶。一个行将就木的病人如何坚持多年救治自己、救治别人？

1. 习武强身健体。阿朝出生于1972年1月。他自幼体弱多病，1990年不得不休学，跟随中医世家林世清父子，先到闽清县池园镇两个月，再到永泰县大洋镇半年，学习武术以及针灸骨伤科知识。不到一年，效果明显，体质增强，多年紊乱的胃肠功能得到了恢复。从此以后，他坚持练拳，除非生病，风雨无阻。强壮的身体为日后抗击病魔打下了坚实的基础。

2. 自学中医知识。20世纪90年代末，阿朝开始自学中医知识，对《黄帝内经》《本草纲目》等中医名著爱不释手，掌握了"望闻问切"的基本要领。1998年，他到东洋乡东斗村行医；2000年，回到本村经营诊所。他善于把书本学到的知识和实际的案例相结合，摸索出一条自己特色的诊断开药的路子。张兴朝认为，中医是中华民族的瑰宝，博大精深，他只掌握皮毛。但就凭这些皮毛，便拯救了自己性命，造福了乡村群众。

3. 保持良好的心态。得知自己患上不治之症时，阿朝顿时崩溃了，足足三天，精神恍惚，寝食难安。但三天一过，他就调整了心态，厘清了思路，坦然地走进了手术室。对于此病，西医没有特效药，化疗放疗效果也不好。回家后，他说就在"等死"。然而，两个月过去了，并不见死神到来的迹象。阿朝振作了精神，制定了中医理疗的计划，走上了拯救自己生命的艰难历程。他认为最好医生就是自己的本能，太多的人去世，不是病死的，而是吓死的。

4. 自制草药理疗。2012年11月，阿朝开始了草药调理。首先，选用黄芪、当归、人参等进行熬制吞服，后改为红豆杉、野灵芝、观音柴、毛花杨桃等。他不断地选料、调量、搭配，以确定合适的草药、数量、比例、火候，直到 2014 年 6 月，才调配清楚，确定配方，一直使用至今。为保证中药材的质量，阿朝采取措施，有效地防虫防霉变。这些药材都有清热解毒之功效，如何通过调配，最大限度地发挥其综合的功效，最大限度地减少其副作用，这正是中医的精髓与奥秘。

5. **生活极有规律**。阿朝本不吸烟；得病后，也远离喝酒，避免食用刺激的东西。每天早晨五六点钟，他起床慢跑、打拳。早饭后，看书看病，或上山采药。中午，休息半小时。晚上七点多，泡脚。八点起，由老婆为他推拿一小时，即安然入睡。三餐食物全是自家种植的粮食、蔬菜和饲养的牲畜。岭兜清新的空气、干净的水和无污染的土壤，以及原种原产，为阿朝一家提供了安全的食物。

阿朝老婆林玉凤为配合阿朝理疗，学会了推拿技术，七年如一日，每个晚上坚持为老公推拿，拔罐和刮痧则隔天交替进行。玉凤从无怨言，夫妻从不吵嘴。玉凤不愧为阿朝的贤内助、家庭医生。阿朝有点愧疚地说："我这条命一半是老婆给的。"

6. **造福乡里乡亲**。阿朝在与病魔抗争的同时，不忘救死扶伤。2002 年，闽清县白樟 22 岁黄姓青年，因被打导致不能讲话，下身瘫痪，大小便失禁，下肢肌肉萎缩。阿朝施治针灸推拿，一周后即恢复正常。2014 年正月，本村 46 岁池姓乡亲因患白血病，在协和医院医治无效，已下病危通知。运回村后，经阿朝中医调理半年，初见好转；如今各项指标正常，身体健康。邻村中埔村林姓乡亲身患直肠癌，2018 年 7 月术后回村，食用中药，现今，不见消瘦，体重恢复十几斤，行走自如。这几年，除了永泰本县外，来自闽清、平潭、福清、顺昌的十二名癌症患者，采用阿朝的中医理疗，都已度过危险期。阿朝经常普及养生常识，比如，南方湿气重，要尽量少吃冷饮；炒菜时，放点生姜辣椒等，让乡亲们受益匪浅。

西医为阿朝进行了应急处理，把正在滑向死亡边缘的他拽住；阿朝让中医为自己进行了独辟蹊径的理疗，逼死亡退缩。中西医的完美融合，拯救了一个淡定坚强的乡村医生。乡村医生带瘤生存，自制配方，以古老传统的中医技术创造了奇迹。

我们默默祝愿，阿朝能永远健康地行医、生活，慢慢变老。

林德土：我们的疾病 70% 由湿气所致

2020 年 3 月 24 日

林德土医生的事迹，要从我自己亲身经历写起。

去年，我的左眼流泪不止，找五官科医生，说是由鼻窦炎引发。带回一大袋西药，一日三餐大把地吞服。一周已过，毫无转好迹象。再找这位医生，说是鼻窦炎哪有那么快好？再大把地吞服一周，依然如故。遂到县中医院，找林德土医生。望闻问切后，林医生说："都是湿重引起的。"吃了三天中药后，我感到舒服多了；再吃三贴，流泪停止，还把常年的腰痛缠身给解决了。此后，我就有了采访他的念头。

林德土，永泰县塘前乡官烈村人。其祖父是远近闻名的民间草药医生。其父以秘方解决了许多小儿疑难杂症，曾用银针挑筋，结合车前草叶调山茶油、敷贴肚子的办法，治愈小儿腹胀。家庭熏陶在林医生幼小的心灵点燃了研究中医的薪火。1992 年，林医生考入福建省中医学院，毕业后分配到永泰县中医院，负责病房工作。先后到省人民医院和协和医院，进修中医和西医。现在已经是主任中医师，任内科主任、医务部副主任。林德土既是世家相传，又是科班出身，土洋结合，中西兼学，因此，他的视野更开阔，思维更多元，方法更齐全。

　　林医生敢探索，懂钻研，善总结，走出了一条既与众不同又行之有效的行医之路。他说中医是整体医学，一开始临床不能太专，否则会片面发展；而要做全科医生，综合研究，全面发展，才能充分理解什么是整体观念，打下坚实的中医基础。他得出一个结论：永泰地处亚热带区域，气候温暖湿润，有70%的病例与湿气有关，体现为寒湿或湿热；湿邪致病常见的有头晕、头重如裹、舌苔厚腻、关节酸痛、胃痛胃胀、大便稀软或黏滞、痛风等。所以，要根据湿邪所在的部位，所属不同的经络，选择不同的祛湿方药，才能取得良好的疗效。

　　林医生擅长治疗脾胃病，对慢性萎缩性胃炎的病因病机有独到的见解，认为是肝虚脾寒、湿阻气滞，使用自制暖肝温脾汤加减治疗效果显著。葛岭镇陈某，男，64岁，患重度慢性萎缩性胃炎伴重度肠化。这是一种癌前病变，经西药治疗一年无效。患者非常紧张，转到林医生处诊治，经一年的中药治疗，复查胃镜时发现重度慢性萎缩性胃炎伴重度肠化都已痊愈。

　　宁德市吴某，年方二十出头，但患过敏性鼻炎已有十几个年头，辗转北京、上海等大医院治疗，甚至动过手术，均无奏效。去年6月，来找林医生。那时，患者畏冷、鼻痒、喷嚏、流清鼻涕、鼻塞严重，只能张嘴呼吸；鼻甲肥厚、充血水肿、鼻黏膜苍白、鼻毛脱落，睡眠严重不足、严重影响生活和学习。林医生以小青龙汤，为之祛风寒湿邪；又以暖肝煎，为之扶正补肝阳。才过一个月，症状即缓解；半年后，已基本根除。

　　白云乡严某身患腰椎间盘突出，症状严重，腰腿疼痛，寝食不安，不能站立。2020年3月5日，转院到县中医院就诊。林医生认为是肝肾亏虚、湿气阻滞、局部充血水肿所致，就开了补肝肾、化湿浊、通经活络的中草药，食用两周，就可以坐起，躺着已没有痛感。

　　林医生很忙，在采访他的两小时时间里，就接了十几个电话，多是求医问药的,他都不厌其烦地一一耐心解答。他有很多成功的案例,但为人低调,不喜张扬。医者仁心,不矜不伐,这正是潜心研究中医药理论的性格基础。他还年轻,还要不断地推陈出新,为永泰人民救死扶伤,积累更多的经验;为永泰中医事业发展,做出更大的贡献。

当前,疫情肆虐全球,中医屡建奇功;举国重视发展中医达到高度的统一,中医东山再起必势不可当。疫情之后,如何改进中医?一直讲述微观的林医生也对中医宏观改革提出了两点建议:

1. **鼓励理论创新**。加强中医理论研究,拓展中医理论体系。比如以中医理论解释西医问题,促进中西医融合,加快中医事业发展,让中医走出国门,惠及世界。

2. **加强人才培养**。目前中医人才匮乏,高端人才更是不足,要鼓励多元化培养人才。比如师带徒,可以区域内,也可以区域外。挖掘培植创新性的人才,不拘一格地为之提供良好的工作环境。

林德土医生的旁征博引、深入浅出、形象生动,让我接触到博大精深的中医文化,领会到天人合一的养生知识,感受到一位正直医生的远见卓识、虚怀若谷、幽默风趣。

我相信,年轻的林德土会成为人民喜欢的一名老中医。

乡村振兴是一件非常艰难的事情

2020 年 5 月 1 日

五一去哪里?走村最适宜。

记忆中,赤锡淡油和岭路藤山一样,都是贫困的代名词。其实,淡油的资源还相当不错——距离县城不算远,海拔 600 米正适宜,村里物产很丰富,村财收入超十万元,下派书记极用心,群众建房显洋气。这几年,他们动作连连。

村部装修 40 万元，各种功能很齐全。

道路拓宽和延伸，导致欠款 100 万元。

投资超市 30 万元，一年分红 5 万元。

建设榨油坊一座，收入只有几千元。

曾有两个合作社，都运作不正常，已被注销一个。

鸡鸭场养殖 8000 只，目前还有 4000 只，销路不畅，亏本严重。

有人种植中草药，结果一斤未售，血本无归。

这里盛产油茶，属颗粒小、产量低的羊屎茶，竞争不过桃茶。

青梅每担 110 元，基本只抵采摘工钱；李果今年长势一般，即使价格可以，也无济于事。

村民收入主要靠外出打工。但是，当下，一些工厂已倒闭，许多店铺未开张，收入不及往年的四成。

相当多的人就滞留在县城无所事事，度日如年。不少人有计划回村耕作，但是，房屋年久失修，无处居住；田地荒废多年，一时难以垦复；年轻人从未握过锄头，不懂种田。最终，全村只有 3 人回家，一个五十几，两个四十几，都是种植果蔬。因任务压力大，村主任召集 6 个人，种植"中浙优 8 号"35 亩。村财拨出 4 万元，补贴垦复和种子的费用。

……

主任说："出售一亩水稻，不如打工一天。"粮食供自己食用为主，出售根本划不来。

乡村怎么兴？我实在厘不清，说不清。

发展产业？人口占全世界 17.5% 的中国，所有的农产品都占有 40% 以上。

可有一种新兴的产业，让农民包赚不赔？如今，乡村振兴计划开始实施，乡村干部绞尽脑汁、挖空心思地报项目。有一个村报了

80 万元的路灯项目，问："电费可解决？"答："否。"有人建议做太阳能路灯，殊不知，后期管理更麻烦、更费钱。

只求眼前痛快，不顾实际功用和后期管理。有个村对乡风文明建设，就是设计一个宣传栏。村部已经有几十块的机构牌子，包括"心理咨询室""乡村振兴服务站"，等等，有一百面宣传展板，多得无处可挂。形式主义无助于乡风文明建设，本质上是破坏乡风文明建设。

数字乡村建设考核分数只占 15%，但中央已把它与土地、劳动力、资本、技术等传统要素并列，其重要性可见一斑。疫情之下，数字建设尤为重要，建议政策制定跟上瞬间万变的形势发展。

据悉，淡油与东坑只差 2.77 公里道路未贯通，已在紧锣密鼓运作，有望动建。一通百通，但愿如此。

乡村振兴关键在人

2021 年 9 月 12 日

近来，有几位省市下派第一支部书记前来请教乡村振兴。我说，我不懂，确实不懂。随着对乡村振兴实践的持续和研究的深入，越来越觉得乡村振兴的艰难困苦，越来越觉得自己一头乱麻，黔驴技穷。

乡村振兴关键在人。当下，想做的、会做的、环境允许做的乡村干部凤毛麟角，少之又少。这个"想"，不是一般工作应付，而是有钉子般的执着，疯子般的激情。至于群众，我始终强调，要确立农民主体地位，激发内生动力；但几番艰苦努力，至今仍未见成效。不是方向错误，而是头雁难以物色。第一支部书记、科技特派员、村务工作者等纷至沓来，我们需要这些基层工作者接地气、办实事。

昨天，我应乡村干部的邀请，回老家调研乡村振兴。我生于斯长于斯，对家乡的情况大概了解。果不其然，半天时间，只遇见两位村民。1个公安在册1000多人口的村，现如今，常住的只有55岁以上的老人六十位左右。长此以往，再过三四十年，也许连老人也都没有了。没有村民的乡村还算乡村吗？不算乡村的村还需要振兴吗？我突发奇想——乡村最急需的"产业"就是生孩子。

考察、思考半天，我们都觉得这个村发动群众没有意义，发展产业没有前途。但政府很关照，把它列入了市级乡村振兴示范村，最近又从市国企下派了第一支部书记。我们应该想出一些措施，做出一些名堂。

我认为，老家振兴之路必须剑走偏锋。受浙江泰顺小董夫妇的启发，老家要以最优惠的政策，吸引本地或外地的、高学历的、最好长得漂亮的年轻人，扎根村里，利用公产，自行设计、施工运营，编撰演绎故事，持续不断地利用新媒体传播，以期打造一个网红打卡点。这样就有了人流，也许就会迎来项目，引进业态，乡村就振兴了。

谁来做这个网红打卡点？又回到了人才方面。人才难得呀！即使有了这类重要人才，敢配套相关的优惠政策吗？村民看了不会眼红吗？

我始终秉持长效机制，不喜欢急功近利，不喜欢不顾实际功用和后期管理，去做一些先是满眼美好、结果一地鸡毛的工程。

唉，乡村振兴实在是难！

保证最亲近的家人吃到安全健康的食物

2022年8月11日

继嵩口古镇、永泰庄寨之后，我想再塑造一个品牌，那就是农业品牌，生态农业＋智慧农业。

我的现在和未来，计划经历"四个场"：如今也算身在官场，不久后退休了就小试商场，很快要归隐农场，最后含笑火葬场。

记得郑振满老师说过，珠峰寨的主人在福州经商，生意兴隆；但主人心存不安，担心吃吃喝喝弄坏了自己的身体，担心花花世界影响了后代的成长。于是，除留一人在福州继续经商外，就携家带口、翻山越岭到偏远的珠峰村建寨。由此可见，永泰庄寨除有常见的功能外，还有养生功能和教化功能。

我的选择和珠峰寨主人的选择不谋而合，所以，我未来的生态农业，和为之艰苦奋斗八年的永泰庄寨，是一脉相承的，都是在践行生态文明建设。

以前，在农村食不果腹，但人们都坚强活着，因为有光宗耀祖、传宗接代信念支撑着；如今，农村的年轻人也不想生孩子了。本来，恋爱结婚、怀孕生子是无师自通、瓜熟蒂落的事情，现如今却变得十分艰难。

2021 年全国人口增长数量比 2020 年少了 156 万；2020 年又比 2019 年又减少了 263 万。按照这个趋势，2022 年有很大概率首次出现总人口负增长，而且很可能负增长接近百万！

大家不愿意生娃，原因有很多，其实还是老三样：教育、房地产和医疗，还有就是观念变了。这些都是重要的原因，而我更关注为什么想生又生不出来呢？环顾左右，这样的例子比比皆是，数不胜数。生殖功能衰弱，长此以往，国将不国。

为什么生殖功能削弱？我认为食物出了大问题。

中国单位耕地化肥施用量是国际公认的安全上限 1.93 倍，但利用率仅为 40% 左右；农药平均施用量 13.4 千克／公顷，是世界平均数的 3 倍多。每年约 50 万吨农膜残留在土壤里，残留率高达 40%。人类围绕食物链发明的各类化学物质，中国合法使用的达 50626 种。这些造成了严重的环境、食物链污染，温室气体排放加剧，耕地酸化退化，生物多样化下降或消失，传统栽培或驯化物种消失，病虫草害频发，耕地生产力下降等。

我们要创建"低投入、高产出、零农残"生态农业模式，采用严格的"六不用"做法，即不用农药、化肥（少用）、除草剂、人工合成激素、地膜和转基因种子。

我无意也无力拯救人类，拯救地球。其实，想法很简单，无非让自己身体能得到锻炼，能保证自己和自己最亲近的家人吃到安全健康的食物，争取多活几年，活得有质量。我还想，我们来自大自然，终要回归大自然，越贴近大自然，越自然质朴越安全踏实，可以远离城市的喧嚣、人间的烦恼。

自从冒出这个想法后，许多人伸出了友谊的援助之手；当然，也有人投来好奇的观望的眼光。《中华民居》的主编姜志燕帮我咨询了几位著名专家，对接了几位在生态农业领域深耕多年的朋友。

今天下午，我们来到闽侯县白沙镇，拜会了魏长。2010年，魏长选择扎根在大学期间常来社会实践的林柄村，创建了佳美农场，并推动其转型为生态农业合作社，探索先行 CSA（社区互助农业）的合作新模式。

"我们不施化肥、不用除草剂，主要种植本地当季的蔬菜，通过间混套种、粘虫板，以及必要的少量生物农药，实现减少虫害；用的肥料是经过处理的秸秆和鸡鸭牛粪，利用蚯蚓松土堆肥。"魏长的有机种植方式让林柄村的山更青、水更绿、瓜更甜。

随着有机农业的推广，林柄村走出一条因地制宜的乡村振兴之路。"采菊东篱下，悠然见南山。"魏长用自己的专业所长，重塑农业与餐桌、农人与土地的关系，实现了自己的"田园梦"，也给林柄村带来了新的发展模式。

在炎热的田间行走，聆听魏长满怀激情的解说，我心中似乎拂过阵阵的清风，于是就问魏长："你觉得自己成功了吗？"魏长脱口而出："我不是追求快乐，我是快乐地追求。"

说得太好了！我要做的生态农业，不是贪图多巨大的成功，多轰动的效益，而是要融入生态，维护生态，推广生态，我要成为快乐生态的一分子。

把西苑乡建设成森林康养国际合作示范基地

2022年9月14日

12日，我们首次拜访西苑乡，一天走了十个村。依次是：前溪、溪头自然村、柳园、顶东湖、前县、湄溪、墓前、塘西、岐坪自然村、乌坪，后面三个是属于社硎乡的。

凌晨五点，我从永泰家里出发；傍晚六点，回到永泰家里。早饭，没吃好；午饭，在车上吃；晚饭，累了，吃不下了。马不停蹄，肯定是走马看花还称不上，因为连花都没有看清楚。

仙游其实很近，从菜溪出口比从嵩口出口，过路费还少了四块钱。最远的柳园村，导航显示1小时50分。柳园就在永泰嵩口赤水村的背后，以前，两村来往频繁；如今，也只有十几公里未通。顶东湖原名东湖，原属永泰，和永泰的赤水、里洋都是一山之隔。

我经常自诩永泰生态好，来到西苑后，才知道什么叫作生态好。一路上，都在林中穿行；登高望远，森林葱葱郁郁，层层叠叠，苍苍茫茫，绵延不绝，一望无际。一查资料，西苑森林覆盖率高达90.33%，是福建省"生态示范乡"和全国绿化造林"百佳乡镇"之一。

属于西苑的7个村海拔都在800米以上。全乡16个村，海拔在600米以上的有14个；前溪、柳园、顶东湖均在千米左右。我们到达时，遇见不少露营的人还穿着羽绒服呢。森林是宝库，海拔有价值。

前一句，好理解；后一句，会被越来越多的人所认可。

村庄都原始古朴，历史风貌很完整，田园风光得以保留。据悉，都不是中国传统村落，刚刚过去的第六批也没有申报。想到这里。我突然觉得自己好过分，永泰居然拿了33个中国传统村落，还被列入中国传统村落集中连片保护利用示范县。

顶东湖村是福建省委旧址，全乡共有13个革命老区基点村。从郭乡长处得知，西苑乡拥有五个第一，其中境内有"闽中第一高峰"的石谷解；木兰溪源头第一滴水、木兰头位于仙西村黄坑头，素有"天然氧吧""绿色金库""云雾之乡"之美誉。

在车轮滚滚中，我收到仙游县领导的微信，要求提工作建议。我心想，连花都没看，岂敢提建议？又想，我不是一贯自作聪明，锋芒毕露吗？不提白不提，管它是不是肤浅、片面、不接地气。

1. 挖深做透木兰溪源头文化，讲好讲活木兰溪源头故事。饮水思源，这个源，既是地理之源，也是文化之源，更是精神之源。要想用新技术讲好全媒体的故事，向世界传递木兰溪源头生生不息的乡土文化，让人看得进，听了信，能共鸣，充分感知木兰溪源头文化的烟火气、人情味和厚重感。

2. 建设森林康养国际合作示范基地。现在城市人面临着三大困扰：气候变热、疫情常态和食物隐患，今年不堪其热，尽管是未来几十年最凉快的一年。根据气象生物专家测定，气温在18℃到22℃之间，空气相对湿度在65%左右，人体会感到最舒服。中高山森林地区最容易出现这个指标。以前，望山兴叹；如今，对山（产生）兴趣。久居都市的人们从来没有像今天这样渴望回归大自然，回归森林。建议提出"神仙游玩地，保养中国人"的口号，整合资源，制定政策，完善设施，对接市场。先定向宣传，打开福州市场；再对接一线城市，吸引市民到西苑当农民，发展生态农业、智慧农业。

北有终南山，南有戴云山。刚刚参加厦门 98 环戴云山圆桌论坛，希望戴云山的森林开发，先从东南麓开始。仙游仙游，先行一步。

3. 把三个省委旧址串联起来。顶东湖是省委旧址，永泰的紫山村和德化的坂里村也是省委旧址，它们共同特点是海拔高、生态好、村庄原始、民风淳朴，但又各自代表兴化文化、福州文化和闽南文化。位于它们中间的是省委联络处赤水村，赤水和顶东湖之间已经列入了公路网。把三个省委旧址串联起来，可以发展红色之旅、文化之旅、森林之旅和养生长居，这罕见的资源禀赋的独特性保证了产业发展的差异性，如此才有生命力，才可持续发展。

不敢提太多了，就此打住。

房子要小，院子要大；房子不大，但视野要很大

2022 年 10 月 9 日

刘京山，福州鼎礼家居有限公司的老板，高高的个子，很帅气。乍看，似乎有点腼腆；但一落座，聊开话题，就引经据典，旁征博引，滔滔不绝。其间，思路清晰，表达准确，见解独特，金句频频。我随行的学生用手机记录整理，我修改补充如下。

1. 时代背景。

乡村振兴是大势所趋。他直言不讳地指出，一些地方标准化的乡村振兴，实际是破坏乡村振兴。

随着法律法规的更加健全规范，靠资源发家致富的时代将慢慢远去，已经到了沉下心来做实业、做产品的时代了。

一位省委领导曾和刘京山聊天，说过"福建人聪明、能干、会赚钱，但不会生活"。要借鉴成都人的做法，回归有品质的、健康的生活。

全球变暖，海拔的作用就越来越重要。生活压力大，城市快节奏，低质量睡眠等因素使得睡眠不足成为现代人一大痛点。后疫情时代，健康养生的生活理念已被更多人接受，并有强烈的需求。

2. 设计理念。

乡村设计要降维，减设计，回归大自然，把空间留给时间，真正可以持续的是里边的内容。不要挖空心思建一些稀奇古怪的建筑，既费钱，又不实用，还不长久。

要就地取材，显山露水，尽量用最原始基础的材料，如原木、石头、石灰等，道路不要过度硬化，尽量以有色土加新型固化剂来建设。

房屋要应景而生，不强调建筑，追求隐藏式建筑。房子要小，院子要大；空间小，人体舒适度体感最容易达到。小，但适合生活，小而美，小而精，小而全。房子不大，但视野要很大，充分融入大自然。灯光不要多，以天光色凸显大自然的气息和轮廓。环境干净，所有的杆线落地。

钱花在刀刃上，硬装降维，软装高档，所有手能触摸到的、用到的东西都要经久耐用。

3. 经营理念。

以点带面，打造爆点。打造高山森林、中医康养疗愈理念，打造生理空间。解决生活中普遍存在的睡眠不好、低质量睡眠的痛点，推行长住，从膳食到生活习惯等一系列健康调理。

推行卖院子的概念，而不是卖房间的概念，一个院落有茶室、房屋、帐篷、外围场景……如此才可以沉下心生活。不会多花太多的钱，但拓展了空间，增加了功能，尤其是有小孩子喜欢的空间。

要设计有调性的餐厅，具有当地特色，野奢，仪式感，重食材。

如户外一个柴火灶，营造烟火气息。

少智能（后期维护麻烦）、多体验，强化人与环境、人与房子的互动。

融入当地文化，如老人乐队，农民合作。

饥饿营销，预订式，先十栋或几个院落开始分期。

4. 他山之石。

刘总特别推崇赣州丫山的企业文化经营理念，把人性和潜力发挥得淋漓尽致，实现健全产业链、品牌产业化。如要求每一位保安都要掌握一至两门乐器，每掌握一门给予增资 1000 元。实行首问负责制，被首问者要负责把游客引导到位等。刘总还推荐了丽江雪山物语岚、既下山，和浙江丽水天空之城（诗和雪山）。他认为网红打卡地会很快地更新迭代，一些曾经风靡全国的民宿或景区已经落后了，会渐渐淡出人们的视野。

我和刘京山老板的聊天时间不长，但我受益匪浅。我认为，像刘总这样有思想、有实践、有成功经验的乡建人，应该走进高端论坛、大学课堂。

第二章

庄寨七年

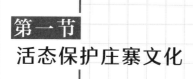

第一节
活态保护庄寨文化

永泰庄寨要建成感动体验的殿堂

2018 年 8 月 20 日

永泰的地标在哪里？

是温泉吗？是青云山吗？这些景物可比比皆是。要找一种东西，让人一说起永泰就想起它，离开了永泰还念想它；过去到现在一直存在，贯穿古今；别人没有，而我们独有——我有你无。能够承担此重任的非永泰庄寨莫属。

永泰庄寨是永泰的地标建筑、文化符号，是永泰的精神象征、旅游灵魂。永泰庄寨保下来后，我们能做什么？

可以建立永泰庄寨的三个体系。一是知识体系。把庄寨的基本情况、历史故事整理出来，把庄寨构件的名称、功用弄清楚。二是智慧体系。如古人的一根长篙，上标寥寥几字，就相当于如今洋洋洒洒的策划书＋设计书＋工程量清单。一个木匠相当于今天的项目经理＋建筑设计师＋材料采购＋施工监理。一门一户，一砖一瓦，都充满了智慧。三是哲学体系。风水哲学，教化哲学，敬畏哲学等，无不给人深深启迪。

永泰庄寨就是文化输出的平台，感动体验的殿堂。

我们提出"永泰庄寨，老家的爱"的口号，这个"老家"不仅仅是永泰人的老家，是所有爱老家人的老家；我们要把永泰庄寨建成全球华人寻根问祖的故国家园。

要成福建莫干，就要如此实干

2021 年 1 月 10 日

在过去的十年里，随着乡村游市场的火爆，越来越多人发现了民宿潜藏的巨大商机，纷纷涌入市场。2007 年、2008 年前后，中国民宿数量疯狂增长。第一代民宿在丽江、大理，是民宿的 1.0 时代。2013 年前后。大量资本开始进入莫干山，民宿开启 2.0 时代。

2017 年 10 月乡村战略开始实施后，越来越多基层政府倾向于把民宿产业与乡村振兴结合起来，业界人士称之为民宿 3.0 时代。也就是说，村落发展不再依靠单一民宿营利，而是把村落运营与民宿打造结合起来，带动整个区域产业链实现提升与发展。

永泰县紧邻省会城市福州，生态环境良好，文化底蕴深厚。莫干山民宿第一人夏雨清多次来永泰考察，始终认为永泰资源"比莫干山还好"。近年来，随着永泰庄寨声名鹊起和全域旅游的成功创建，永泰已成为民宿投资的热土。在此背景下，我们先梳理清楚几个问题。

1. 民宿的主人是谁？

发展至今，民宿有各种模式，各种称谓。

按孙君的说法，民宿的主人是城市人。他提出了"乡宿"的概念：乡宿是农民办的，其优势是自己的房，自己的菜园，自己的人，村里的人。没有人住时，自己也过日子，种田与乡宿两不误，经营者稳定，打工者安心，工资高低不谈，24 小时在岗，老人孩子、农田、菜园、鸡狗猪成为城市人的温度，这就是乡宿的优势，也是民宿的短板。中国扶贫基金会秘书长刘文奎提出了"村宿"的概念，由三方协作，创建成功扶贫之路。村合作社提供房屋土地，基金会提供资金，著名民宿负责建设和运营。墟里小熊不喜欢把自己的墟里叫作民宿，而称之为"乡居"。她说自己不是运营民宿，而是运营整个村庄，在田间地头劳作的叔叔阿姨就是墟里的组成部分。

不管是民宿，还是乡宿、村宿、乡居，都是活化利用闲置的民房，都是想在荒废的土地上重塑回归本真的故里，打造中国乡村生活品牌。

2. 如何选址？

民宿选址要考虑地理位置、交通条件、自然风光、文化底蕴、周边景区、当地产业，还有乡村干部素质、当地民俗风情等。白云相爱酒店与庄寨融合，文埕湾栖心与青梅融合，松口气客栈与古镇融合，鹛来人家与观鸟融合，等等。民宿还可以与温泉融合，与李干（永泰的一种著名土特产）融合，与稻田融合。月洲是个好地方，可惜夏天难逃酷暑的困扰；青云山也是个好地方，但是会有几个月只见云雾不见景的不足。最好在海拔 600 米至 700 米，"冬不生火，夏不揭被"，由此看来，丹云乡才是最佳的选择。

3. 如何出租房屋和土地？

一定要避免与村民直接签订合同。一些村民是不按套路出牌的，但凡民宿经营可观时，他们就可能提非分的要求，如若不予满足，他们往往会有意地制作麻烦，让投资者难以为继，只好亏本毁约。所以，签约主体必须是村委会或全民经济合作社。村民可能会为难势单力薄的投资者，却不敢与全员都是股民的合作社为敌。因此组建合作社尤为重要。

另外，按法律规定，合同租期最长只有二十年，而许多投资者希望租期更长些。这可以借鉴浙江省一些地方的做法，就是订立约束性的条款，当合同到期时，投资者不会被出租者无条件地扫地出门，而是双方再次坐在平等的位置上，重新协商。

4. 如何装修民宿？

属于文物或历史建筑的，理所当然要在不破坏主体结构的情况下，修旧如旧；除此之外，最好拆旧翻新。云南腾冲的和顺古镇的一些做法值得借鉴：允许拆旧翻新，控制层高和风格；注重古镇历史风貌的保护与传承，统一两层半、砖木结构、斜黑瓦屋顶。拆旧翻新的好处是可以解决老房子的消防、隔音、潮湿等问题，做到古典与现代融合，传统与时尚并存，让"外面五千年，里面五星级"。更关键的是可以剥离影响顾客食宿的民俗，隔断房屋与房主的联系，避免后续产生纠纷。如厦门客商租用丹云乡前洋村下寨，装修时就遇到房东的刁难，不让拆灶台，不让建厕所。

装修千万不可太简陋。很多人住了一个著名村的民宿后，议论纷纷。我也住了一夜，隔壁的呼噜声震得我无法入眠。寒风从门窗缝隙中呼呼闯入，我裹了两床被子，也冻得瑟瑟发抖。

5. 如何抱团发展？

一条街只有一家服装店和有很多家服装店，生意完全不一样。民宿单打独斗，难成气候，不仅生意不好，而且运营成本高。一村若有十家民宿，这村不火都难。永泰县目前号称民宿有五十多家，其实真正称得上民宿的寥寥无几。全县可以发展500家中高端民宿。抱团养老最好的方法是抱团发展民宿。60岁至70岁的老人，有时间、金钱、身体、伙伴、情趣，可以建设民宿集群，布局合理，功能齐全。老人们既是顾客也是主人，不仅可以度假养老，也可以发挥自己专长，为人看病，教人摄影，陪人打球。这也许是永泰县一些条件较好的乡村最快速、最有效的振兴途径。

6. 什么是共享民宿？

尤溪县半山村的经营方式值得借鉴：合作社先与业主、投资商之间签订协议，由业主提供老房子，投资商负责装修；由投资商总负责运营，健康的业主则收为员工。有营运收益时，分红实行三七开，投资商七，业主三；业主内部的也是三七开，公共三，私人七。民宿剥离，利益捆绑；水涨船高，目标一致。房主视民宿为己出，倍加珍惜，共同呵护，避免了双方不可调和的利益冲突。这是共享民宿的一种方式。

最近，几个老师找我，要联合租民房田地，装修投资不多，二三十万元左右，计划在节假日时，情趣相投的伙伴一起到乡村，爬爬山，种种菜，体验"房前屋后，种瓜种豆""采菊东篱下，悠然见南山""鸡鸭鹅成群，猪牛羊成圈""袅袅炊烟，依依乡情"等与城里不一样的生活。闲置时，就交由当地农民经营，收入五五分成。这也是共享民宿、城乡融合的一种方式，那些老师就是可以在农村和城市之间随时可以切换角色的新村民，而新村民是推动乡村振兴的重要力量。

有的民居，主人一年才住几天；有的民居七八层楼，主人只住一层。这种可以采取"一户两门""一宅两院"的做法，把多余出来的空间和时间，交给合作社做民宿。

民宿是乡建的一个入口，一个好的民宿甚至可以拯救一个村庄。如今，许多民宿惨淡经营，然而又有许多人跃跃欲试。惨淡经营的转型做研学，还是依靠政策，因为教育部门对中小学生的研学要求由"可以"变成"必须"。跃跃欲试的就是还在等待时机，等待利好政策的出台。所以，永泰民宿是否发展，可否成为福建的莫干山，还是得看政策优惠不优惠，适用不适用。

古厝活化？想好了再干！

2020 年 4 月 17 日

福州古厝如何活化利用？

上周三、四、五，连续三天，福州市领导带队到永泰县调研福州古厝保护利用。关于活化利用，我提出了三点建议。

1. 正确把握活化的方向。

活化是最好的保护，但切不可饥不择食。举两个例子。

一是土楼。是活化了，旅游发展如火如荼。然而，人们走进土楼，只见铺天盖地的摆摊设点，土楼的模样、文化、精神内核，却被湮没得难见踪影。黄汉民大师在一次会议上拍案而起，痛斥这种做法。

二是敦煌。四十余年来，敦煌女儿樊锦诗潜心于石窟考古研究工作，开创了中国文物保护领域国际合作的先河。她顶住将莫高窟捆绑旅游上市的压力，首次将莫高窟用多媒体及智能技术展现，给观众提供了解敦煌文化、艺术和价值的全新视角。2019 年 9 月 17 日，国家主席习近平签署主席令，授予樊锦诗"文物保护杰出贡献者"国家荣誉称号。敦煌也成为全国最热的文化体验旅游点。

这两个例子，应该给予我们深刻的启示。永泰庄寨也要打造自己的文化 IP，充分展示与众不同的文化魅力，成为感动体验的殿堂，和中国家文化的栖息地。

2. 高度重视古厝的产权。

曾有领导提出政府要收储古厝拍卖开发。这是行不通的，群众可以出租祖屋，而不会出卖祖屋。一座几百年的祖屋，牵涉几百、几千人的后代，签订租赁合同要达到户数全覆盖几乎是不可能的；即使全覆盖了，隐患也仍旧不少。施工和经营过程遭受干扰的情况屡见不鲜。

怎么办？要成立理事会，由民政部门注册、接受政府年度审计的理事会；要有其法人代表的签字法律认可。如违约，便于追究责任。或者收归集体所有，由村委会主任或合作社理事长签约。如此，可以保障投资者的合法权益，解决毁约率居高不下的尴尬局面。

3. 传统要与现代融合。

一提到古厝维修，就有人要求"修旧如旧、修古如古"；提出了不切实际的"五原"。我反对这个观点。

杜晓帆教授透露，20世纪90年代，故宫维修时，就采用了德国的化学涂料。常青院士常引用"如将不尽，与古为新"的诗句，来说明历史遗产的传承必须与现代融为一体。清华大学张杰教授说，遗产保护就是搭建桥梁，让过去和今天相通；而不是把过去隔在对岸，让今人遥不可及。同济大学邵甬教授说，我们传承的不是历史的尘埃，而是文明的火光。

贝聿铭在卢浮宫前设计建造了玻璃金字塔，创造性地解决了把古老宫殿改造成现代化美术馆的一系列难题，取得了极大成功，享誉世界。这一建筑正如贝氏所称："它预示将来，从而使卢浮宫达到完美。"

无论从传承的角度，还是艺术的角度，遑论实用，都要充分利用现代的理念、现代的材料、现代的技术，来维修改造古厝。

栖心民宿，应运而生

2019年10月5日

永泰又增一处民宿，位于天门山风景区的路边溪洋村文埕湾自然村。

狭长的溪谷自天门山逶迤而来，行至文埕湾，豁然开朗，形成一个圆形盆地。文埕湾举村陈姓，共百余人。民居均围着盆地边缘而建，背靠青山，面临梅林。

民宿主人叫陈晨，是文埕湾原住民；他把自己的老屋改造成民宿，民宿坐落在第二排，视野相对开阔。陈晨35岁，学过漆画，做过广告、摄影、农家乐，是个既有艺术修养、经营经验，又有乡土情怀和经济实力的青年。

陈晨自己设计，雇人施工，共花近百万元，把老屋改造得实用舒适、富有情趣。他取名为"栖心"。近来，我特喜欢"栖"字。北京的几位专家描绘永泰庄寨是"中国家文化的栖息地"，我受其启发，建议把永泰申报为"中国家文化生态保护区"。在城镇化、网络化、信息化、现代化高速发展的时代，许多人居无定所，心漂浮不定；家在哪里？心栖何处？——哪里可以让人安稳、释放，哪里就是人们追求的目标，就是温暖的港湾。

民宿共有八个房间，位于梅树旁、竹林边的，叫"青梅""竹马"；靠近山边和可以望见溪流的，叫"依山""傍水"；左边两间可以听见雨滴声，风也相对大些，就叫"听雨""沐风"；在松柏下方的，叫"茂松""翠柏"。配有厨房、餐厅和会议室。名字取义现实，又引人遐想。据说，已经有人对号入座，"青梅""竹马"是年轻人的最爱；"茂松""翠柏"是中老年人的选择。

房前别出心裁地挖了两口形状不一的水池，俗信水给灵气，能聚财，也增添了风景，还可以帮助消防。我找了一个角度拍倒影，迷住了不少人。工程并没有完工。陈晨介绍，计划在房边的四棵巨大的樟树上，搭树屋，挂摇篮和秋千。我们站在树荫下，想象前景，竟是心驰神往。最让人欣赏的是，在房屋正中央的前部，新设了楼梯和加宽了阳台。拾级而上，视野徐徐开阔；而在阳台，边品茗聊天，边观赏远山近水，则是另一种惬意的享受。

袁晓龙设计了月溪花渡，造就了乡村最美图书馆，成为著名的网红打卡地。最近，由袁晓龙设计的月洲小学改造完毕，对外营业，也是一片叫好声。非设计师的设计为什么反而会出彩？因为他们没有教科书式条条框框的桎梏，可以充分自由地发挥想象的空间，使效果个性化、多元化、文艺化。厦门曾厝垵每个店主都是设计师，五花八门，甚至乱七八糟的门面，反而成为一道亮丽的风景线。

民宿要与周边的人和产业融合，与当地的传统文化融合。这些问题对陈晨来说都不是问题。他就是道道地地的本地人，他要以本地的习俗，经营民宿。他已经请了两位邻居当阿姨，忙时，帮助打理；闲时，回家干活。而确定梅作为民宿的主题，是陈晨最得意的创意。

南国永泰，一年也有三场"大雪"——十月至一月的茶花雪，十二月底一月初的梅花雪，二月底三月初的李花雪。其中，尤以梅花雪最为热烈、壮观。梅花绽开时，漫山遍野的白色精灵熠熠闪光，犹如海洋一般波澜壮阔。游客纷至沓来，欢呼雀跃；道路边，梅树下，人山人海，人声鼎沸。人们不禁临场反复咀嚼永泰人卢梅坡的诗句："梅须逊雪三分白，雪却输梅一段香。"或高声朗读毛泽东的《咏梅》："已是悬崖百丈冰，犹有花枝俏。俏也不争春，只把春来报。待到山花烂漫时，她在丛中笑。"溪洋村是最佳的观赏点。

观梅花、拍梅花、写梅花，毕竟转瞬即逝。然而，制作、品尝青梅酒、酸梅汁、青梅蜜饯等，一年到头都乐此不疲。青梅富含人体所需的多种氨基酸，具有酸中带甜的香味。据李时珍的《本草纲目》记载，梅可治三十二种疾病。现代医学研究表明，青梅至少有以下三方面的功效和作用：延缓衰老，保持美容；显著改善肠胃功能；抗菌、驱虫、防过敏。青梅产业与民宿的融合可谓珠联璧合，比翼双飞。学中国台湾、日本，一粒青梅可以做成巨大产业。

当问起资本回收时，陈晨充满了信心，表示两年内即可收回成本，觉得自己拥有天时地利人和的优势。近期，他将尽快完善设施，植入相应的文化元素，开展一些宣传活动，以最佳的状态迎接梅花的盛开。他还想在丹云等地开辟三到五家连锁店，以满足不同顾客对不同区域、不同气候、不同景色的需求。

在回家的路上，我想起上个月去福清一都考察"竹三里"民宿的情况。一踏上一都的土地，我心中就激荡着强烈的亲切感和自豪感。1958 年，为了帮助福清渡过难关，永泰把三十六都中的第一都划给了福清；如今福清俨然财大气粗的大哥。有朝一日，永泰或许又要慷慨大方地支持福清。听他们说，一都要打造成福清的莫干山，福州的莫干山，福建的莫干山。我为之一惊，福州人去一都要路经永泰，一都如真成为福建的莫干山，那真是让永泰人羞愧难当。

莫干山第一人夏雨清来永泰考察多次，他反复强调"永泰的资源比莫干山好"。一个好的民宿，可以拯救一个村。城乡融合需要民宿的搭桥，乡村振兴需要民宿的推动。永泰呼唤陈晨，希望以后还会有更多更好的陈晨。永泰理应成为福州的莫干山，福建的莫干山。

永泰有座"婷"院

2020 年 11 月 22 日

这庭院，叫婷院，因为庭院的女主人叫陈婷；也可以是亭亭玉立的"亭"，婷院在村里鹤立鸡群，分外妖娆；也可以是停下脚步的"停"，婷院吸引了许多人驻足不前，纷纷推门参观，想仿效女主人停下脚步，享受慢生活。

陈婷，福建省永泰县旅游总公司总经理，年方四八，泼辣大方，热情奔放。在旅游界摸爬滚打多年，她萌发了试水办民宿的念头。

选中葛岭镇溪洋村文垾湾自然村一座土木结构的民房，以二十年20万元租金转让到手。她自己设计、组织施工，经过半年的努力，又花了80万元，让一座闲置多年的民房华丽转身。

婷院不大，楼上楼下四个房间；前面是院子，后面是厨房；左边一层建了游泳池，二层可以打乒乓球，滑滑梯；右边靠路，下层围了一个几十平方米的菜园。总体感觉，看着顺眼，住着舒心，玩着开心。既有当地文化的韵味，又可适应现代居住的需求。尤其干打垒的土木房子，是有生命、会呼吸的房子，人住其中，少得风湿病。

半年下来，陈婷瘦了二十多斤。人瘦了，心却和婷院贴得更紧了。她和老公商定，不经营民宿，留自己居住。每逢周末，都来喝喝茶，种种菜，锻炼锻炼身体，约朋友聚聚。她请了一个当地阿姨，每天保洁两三个小时，月薪2500元。还请人在山上养了鸡鸭，随时可以捕捉宰杀，饕餮一番。陈婷一家完全融入村民当中。

文垾湾离福州近，紧靠天门山景区，高等级的旅游公路近在咫尺，溪洋溪缓缓地从村中穿过。村里共有16栋民房，房前屋后种满了青梅。再过一个月，又会被漫山遍野的梅海淹没了。去年，本村人陈晨首开栖心民宿，生意一直很好；如今，栖心民宿正在扩建。全村已租出5栋民房，除了陈婷、陈晨外，承租的都是福州人。

婷院是传统民房改造的成功典范，是城乡融合、市民变农民的样板。乡村振兴主要依靠新村民，新农民是在城市和农村之间可随时切换的角色，永泰是吸纳新村民的最好熔炉。交通便捷、生态良好、文化丰富的永泰是最好的选择。

我们利用住建厅建立的民房租养平台，上传愿意流转的闲置民房，一方面对接工商联，吸引有钱人；一方面对接字节跳动，利用抖音开展宣传。我们想把文垾湾作为永泰县的试点村，把剩下的10栋闲置民房也转租出去，打造永泰第一个民宿村。单枪匹马不成气候，集中发展才可蔚为壮观；统一政策、完善设施、集中管理、丰富业态，等等，都可以迎刃而解。

福州如陈婷的市民多如牛毛，永泰如文埕湾的村庄也不在少数。我们期盼涌现更多的婷院，更多的民宿村。

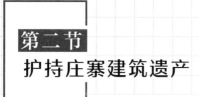

第二节 护持庄寨建筑遗产

山岭奇构，永泰庄寨——我国防御性乡土建筑的典型代表[1]

2015 年 11 月 29 日

永泰庄寨，诞生于明清时期土匪作乱的特殊历史情境，融合了当地特殊的地理经济环境，形成了集防御、居住、美学为一体的独特建筑形式。

住建部传统民居保护专家委员会顾问朱良文教授曾给出这样的评价：“永泰庄寨不仅是南方民居防御建筑的奇葩，也是农耕社会家族聚落生存的记忆，更是传统乡绅文化的载体。”民居建筑大师黄汉民教授认为，永泰庄寨是福建寨堡的重要组成部分，有独特的内在特点，完全可以独立申报世遗。住建部中国传统村落保护委员会副主任委员戴志坚教授说，四梁抬井是永泰工匠独创，十字形受力减柱的方法绝无仅有，连中国北方也没有这样巧妙的梁柱建筑；鱼鳞片的风火墙，则是他见过的最好、最高级、最壮观、最漂亮的设计；木头做的护墙板也是绝无仅有的……这些都是永泰工匠的独特技艺。

福州大学建筑学院李建军教授在充分比对研究土堡、土楼、庄

---

1 本文得到李建军教授指导。

寨三者后，做出如下定位：土堡以防御为主，居住为辅；土楼以居住为主，防御为辅；庄寨则是防御和居住并重。因此，永泰人在建造庄寨时，考虑到庄寨的军事防御功能，寨墙、跑马道、碉楼、斗窗、枪孔、注水孔等一应俱全。同时永泰人将庄寨作为精神家园去营造，高度重视建筑艺术，完整的功能布局、精湛的雕花刻镂、大气的挑高穿斗、深厚的文化底蕴，在我省防御性民居建筑中，甚至是在国内其他代表性民居中都是独一无二的。

永泰庄寨，可谓永泰人文精神的象征，永泰建筑艺术的高峰，永泰历史文化的缩影，是福建乃至全国乡土建筑的重要内容。永泰县委县政府高度重视庄寨的保护发展工作，9 月底，专门成立了"永泰县传统村落暨古寨堡保护与发展领导小组"，决定每年从紧张的财政中划拨 2000 万元作为专项经费，并计划列入 2016 年至 2018 年的年度财政预算。

经初步摸底调查，永泰历史上庄寨总量超过 2000 座，经历明清民国土匪劫掠、"文革"破坏以及改革开放后的拆建大潮，大部分庄寨退出了历史舞台。尽管如此，扣除遗址和破坏较为严重的庄寨，全县还是发现了保存较好的庄寨 152 座，其中占地面积 1000 平方米以上的 98 座。如此体量巨大、数量众多的民居防御建筑群落的集体涌现，在全国来说都是极为罕见的。

1. 永泰庄寨承载的人文精神。

第一，创新。永泰庄寨建筑中折射出永泰人敢闯敢拼，大胆创新的人文性格，如老禄庄的官式做法，大厅面阔及高度创福建民居正厅之最，夯土为柱的创新用法也为民居少见。部分庄寨内雕龙画凤等装饰的大胆运用，个别有僭越之嫌的构建使用，形成了别具一格的建筑。

第二，团结。永泰庄寨因宗族聚落防御外侵而诞生，承载了家族的安危，更繁衍出深厚的宗族文化，形成强大的家族凝聚力。时至今日，为响应政府保护庄寨发展庄寨的号召，各庄寨的后人不管天南海北，都是一呼百应，踊跃捐款。永泰很多庄寨都是兄弟齐心协力创业发家的成果，如霞拔乡下园村的一寨八庄群、谷贻堂一父二子三庄群，大洋镇大展村五寨十八庄等。

第三，包容。永泰庄寨大多以"某某庄""某某寨"取名，深受儒家思想及朱子理学的影响，折射出永泰人包容儒雅的一面。大部分庄寨内有女眷阁楼、美人靠等贴心设计，更体现出庄寨主人对女性的尊重。爱荆庄为爱妻而建，成了中国古代村落女绅文化载体的孤本；全寿庄则完全由家庭主妇所建，女人站在了家园建设的潮头。

第四，信用。永泰庄寨之所以兴盛，皆因当时永泰经商的良好传统，许多人因商发达故而建寨守财，永泰人经商固守信用为本的理念根深蒂固。如今在很多庄寨都流传着先人守信为商的典故。坂中寨始建者陈尧榕就是因为诚信而获得信任促进生意兴隆的典型，民间传说他是在溪边捡到金脸盆发的家，他告诫后人他的金脸盆就是"诚信"。

2. 永泰庄寨浓缩的建筑精华。

第一，平面布局不拘一格。永泰庄寨建筑形式多样，在建筑布局中充分吸取中华汉字文化精华，底蕴深厚。有"日"字形、"目"字形、"同"字形、"回"字形、"甲"字形、"册"字形、九宫格形、船形、凤形、棱形、八卦形等多种布局形态。

第二，建筑构造自成体系。多重龙舌燕尾翘造型别致，错落有致，极具空间感和视觉冲击力。主厅井干抬梁穿斗的组合（亦称"四梁扛井"）结构，精巧科学，工艺复杂令人叹为观止。

第三，**空间营造匠心独具**。永泰庄寨尤其注重空间感和层次感，天井大气明朗、主厅高挑阔大、护厝层叠有致。特别是轩廊尺度之大气、造型之美观，在国内民居建筑中极为少见，更有"人"字轩、弓箭轩、卷棚轩、梅花轩等多种构造形式，形态各异。

第四，**雕刻装饰堪称翘楚**。永泰庄寨木雕技艺精湛，目前来看，传统闽派木雕工匠中有永春工、沙县工、上杭工、永泰工，其中永泰木雕线条整体感强，一气呵成，题材广泛，刻镂精美，堪称翘楚。另外，石雕、灰塑、彩绘等装饰运用，都达到了民居装饰艺术的最高级别。

第五，**建筑风水极致考究**。永泰庄寨建筑对风水坐落的讲究，风水环境的营造，以及构造细节中的风水补救措施都运用到极致。可以这么说，中国有两大民间风水流派：赣派和闽派，而永泰可以作为闽派风水考究的中心。

3. 永泰庄寨拥有的美好前景。

第一，**区位优势明显**。永泰地处省会福州的后花园，福永高速和向莆铁路通车后，永泰纳入了福州半小时生活圈，无论是福州南下、莆田北上，还是以后从三明东出，很多庄寨都可在 1 小时左右直达，政治优势与区位优势明显。

第二，**自然环境优美**。永泰山水自然环境原本得天独厚，永泰庄寨在建设的过程中，又特别重视周边环境的营造，大部分庄寨周边风水林、梯田等生态环境优美，形成建筑与自然和谐的美妙画卷。

第三，**相对成片集中**。永泰庄寨不仅数量众多，而且集中在几个主要山区乡镇，是乡村休闲旅游的绝佳去处。如果旅游开发，两三天的行程基本上可以全部欣赏完全县主要庄寨，集群开发条件优越。

"雄踞深山人未识，撩开面纱惊神州。"在不久的将来，永泰庄寨厚重的文化价值和科学价值，必成为永泰旅游一张黄金名片，对于弘扬优秀的永泰传统历史文化、丰富本省乃至全国传统民居建筑文化，都会发挥重大的作用。

永泰庄寨，何谓"庄寨"？

2017 年 1 月 3 日

永泰庄寨正式命名虽只一年，却如一股清新的春风，从南吹拂到北，让人耳目一新。然而还有人习惯性称之为永泰寨堡，也还有人认为可能有更好的名字。

永泰庄寨，何谓"庄寨"？笔者提出如下粗浅的见解，欢迎朋友们参与讨论，批评指正。

1. **历史使然**。在我们调查的 152 座可闭合能防御的民居中，本身名字叫庄的占 51%，叫寨的占 10%，还有的叫堂、居、庐，也有叫厝、堡的。庄寨合在一起，浅显易懂。许多寨本身叫庄，后人或外人为了好叫好记，改用地名呼其为寨。如爱荆庄，因其位于洋尾村，被叫作洋尾寨；嘉禄庄，也因此被叫作同安寨。最近，我们在大洋镇调查中，发现许多新建的民居也都名为庄，由此可见，本地以庄、寨为民居命名，源远流长，生生不息。

2. **个性突出**。权威专家已给永泰庄寨定义：是中国防御民居建筑的奇葩，是农耕社会家族聚落生存的记忆，是乡绅文化弥足珍贵的载体。永泰庄寨有别于福建土楼、三明土堡：福建土楼以居住为主，三明土堡以防御为主，而永泰庄寨则是居住和防御并重。永泰先民们在营造庄寨时，不仅考虑到庄寨的军事防御功能，更是将庄寨构筑作为栖息庄园和理想住所精心营造——庄寨既是家族和谐合作的结晶，也是充分表现出家族地位的象征。我们研究一种东西，不仅要找其共性，更要找其差异性。特征概括起来，父建庄，子建寨；内为庄，外为寨；自己叫庄，别人叫寨。庄寨，就是父建子续，内外结合，文武双全。

3.**内涵丰富**。庄寨的庄是村庄的庄，说明有完整的格局；是钱庄的庄，有充裕的资金；是庄园的庄，有广阔的土地；是庄重的庄，有翩翩的风度；是康庄大道的庄，有明确的前进方向和舒适的生存空间；还是庄子的庄。仅从文字上理解，楼和堡就没有如此丰富的内涵。

如此美好的文字，不用，岂不可惜？

成立永泰庄寨理事会，助推乡村复兴加速度

2017 年 11 月 19 日

这两年来，永泰庄寨声名鹊起，犹如一股强劲的春风，吹遍祖国大江南北。专家形容永泰庄寨不仅是南方民居防御建筑的奇葩，也是农耕社会家族聚落生存的记忆，更是传统乡绅文化弥足珍贵的载体。两年前，除青石寨外，永泰庄寨连最低级别的文物（不可移动文物、历史建筑）都沾不上边，如今却有 12 座庄寨即将成为省级文物保护单位，加上 2009 年评上省保的仁和庄（青石寨）、庄寨附属建筑谷贻堂和小型多样性防御建筑赤岸铳楼群，永泰庄寨群中即将产生 18 个省级文物保护单位。永泰庄寨还将申报国家级文物保护单位和亚太文化遗产保护奖，冲刺世界文化遗产。

大多庄寨尤其是重点庄寨，基本上解决了"不漏不塌不倒"的问题，并配备了消防、安防、公厕等设施，完成了危房抢修、文化挖掘、测绘设计等工作，有的庄寨还建起了博物馆、农家乐，具备了初步的旅游接待能力。

永泰庄寨异军突起，快速发展，得益于县委县政府高度重视，成立了专门机构，每年拨出 2000 万元专项资金；得益于一群懂文化、擅工作、讲奉献的本土干部；而在这期间诞生的庄寨理事会则承担了重要角色，做出了显著的成效，功不可没。

1. 理事会产生的背景。

永泰庄寨数量多、体量大、价值高，但大都年久失修，濒临倒塌；如果只以"先救命，后治病"的原则抢修庄寨，即使有政府的投入，也只是杯水车薪。"众人拾柴火焰高"，发动与庄寨情感相连的庄寨后人爱寨护寨，才是解决问题的根本。

无论是政府的投入，还是族人的捐资，都难以为继，只是权宜之举。要让庄寨持续地得到有效的保护，必须走发展之路，实施市场化、企业化运作。而庄寨都是几十年、几百年的历史，拥有几十、几百甚至几千个后代，与企业谈判、签约，谁讲话算数？谁签约有效？能有法律效力吗？

基于以上两种原因，永泰庄寨保护与发展理事会应运而生。

2. 理事会的产生。

理事会都是以具体单个庄寨为单位酝酿产生的，目前，也在筹备庄寨联盟，全县成立一个大理事会，那是后话。理事会产生过程的困难与容易，简单与复杂，因寨而异，不一而足。一般先产生理事。理事分布要合理，有的是按以前的大小房分；有的是按现在的大小房繁衍的人口分；有的打破房的限制，按对抢修庄寨的贡献大小分；有的甚至以抓阄形式来确定。因为理事会要承担各项具体的事务，所以还要考虑是否常在家、有文化，是否肯跑腿、身体好，等等。

选理事长则是更难的事情。有的是毛遂自荐，有的则是众望所归。如宝善庄的余东已外迁三世，听说修寨，就千里奔赴家乡，率先捐资60万元，自告奋勇担任理事长。唯独竹头寨理事长不是由庄寨后人担任，黄以淼一生热衷公益事业，被一致推为竹头寨理事长。

有的是平民百姓，不受限制；有的是公务员身份，按规定不允许，就只好幕后指挥。有的是有人爱当，别人又不信任他；有的是族人推荐他当，他又不喜欢这差事。所以，争得面红耳赤、恶语相向的有之；不欢而散、有始无终的有之；七挑八选、最终难产的有之……理事会一路走来，有顺风顺水、和和睦睦的，也有时分时合、磕磕碰碰的。到最后，大都达到了妥协，产生了机构。理事长基本上是威望高、有经济、身体好、讲奉献、守岗位、擅协调的人物。能在家工作、沟通协调是对理事长的基本要求。绍安庄理事长黄绍建原来几年才回一次家，现在一年要回十几次家。学太寨理事长何则渭为了方便与族亲联系，60多岁了还去学开车。

到目前为止，全县已有24个庄寨通过民政部门注册登记，成立了理事会，还有一些庄寨理事会正在筹建中。

3. 理事会的工作。

理事会成立后，主要开展了四项工作。

第一，抢修庄寨。

修寨要与时间赛跑，庄寨腐败蔓延的速度太快了，今年50万元可以拿得下的，拖到明年可能100万元都不够。政府都是以奖补的方式投入，庄寨自己要先集资先抢修。许多庄寨都是利用春节村民回家过年的机会，召开座谈会，确定本年的维修计划，发动大家捐款。理事长要带头，其他人纷纷跟进。荣寿庄的理事长鄢行庄在今年正月初三率先捐了130万元，当日捐资总额超过300万元，计划募捐800万元，把荣寿庄全部修复。大多数庄寨后人没有大官大贾，就按人口分摊，最少的300元，最多的1000元。截至目前，全县累计捐资已超过1500万元。

理事会既是业主，也是施工单位，还是监理。他们要根据专家制定的维修方案，尽量采购旧料，选择本地工班，以"修旧如旧"的原则，保证工程的质量、施工的进度和安全。

整治环境要与抢修庄寨同步进行。大通沟、跑马廊、环寨路等被占用的，要恢复原样；猪圈要拆除，家禽要圈养；历史文书要整理；一些原来已分到各家各户的家具，要重新收集回来，安放在原来的位置。容就庄理事长黄修基挖掘整理出了几百种历史文书。

第二，举办活动。

永泰庄寨是永泰人的精神家园、心灵归宿。每年正月闹元宵、七月半祭祖，庄寨的后人不管走多远，走多久，都要回家祭拜。在县村保办的指导下，永泰庄寨理事们增加了传统节日活动项目，丰富了其中的内容，比如修宗祠、编族谱、铺路修桥等，吸引了越来越多的年轻人回家，教育年轻人知道"我是谁""我从哪里来""我将到哪里去"，激发他们热爱家乡、建设家乡的情怀。昇平庄举办了"孝"主题夏令营，仁和庄举办纪念张元幹诞生930年笔会，爱荆庄举办女性文化节，绍安庄举办迎春研讨会，等等，各种活动喜闻乐见，异彩纷呈。县村保办还组织永泰庄寨理事们参加了永泰县乡村复兴基金会、农村新型合作社和永泰县乡建联盟等活动。

理事会通过举办各式各样的活动，聚集了庄寨的后人，加强了理事会之间的联系，增强了社会活动能力。

第三，招商引资。

来永泰庄寨参观游玩的客人越来越多了，理事会就担任义务接待导游任务，一些需要欢迎仪式的，还得做做场面。通过接待，来宣传庄寨，推介庄寨。中埔寨理事长林乃毅对来客都不厌其烦地讲解自己祖宗的辉煌和庄寨的精华，自己分文不取。

庄寨要招商引资，市场运作，但祖宗的遗产千万不可买卖，只能租赁。理事们就制作了各种版本的租赁合同。租期一般都在二十年以上，头五年免租金，第六年开始收租金，逐年递增。原住民根据投资者的要求，可以搬离，也可以继续留住，充当演员或者管理者。红白喜事可以剥离，也可以保留；如果需要剥离，就要新建一个厅堂，供寨民操办。庄寨周边的田野树林要成为庄寨的组成部分，一并出租，要遵照当地的市价，不可哄抬。允许寨民以户籍、租金、技术、资金的形式入股，与企业共生存共发展。目前，已有杨梅庄等五个庄寨达成了开发的意向。

理事会如果觉得自己没有能力保护发展，可以把庄寨委托给政府代管。代管期间，政府负责庄寨的维修，有权招商引资开发经营，其利润由政府和理事会分成。成厚庄、宁远庄、修竹寨已由政府代管。

庆丰庄理事会无法正常运转，也不想让政府代管，最后交付本庄后人陈实代管，也解决了抢修的问题。

第四，建设新村。

在新村建设方面，理事会发挥了主要的作用。一是在法律允许的框架内，以村委会为主体，由理事会具体实施，政府只负责监督和服务；二是服务规划调整，土地报批，监督进度、质量、安全和资金使用，保证盈余的资金全部用于旧村整治和古民居保护。这样可以忽略新村建设和旧村整治的两道招投标的程序，节约了建设时间，减少了政府行政干预，也减少了政府行政成本；更重要的是提高了经济效益，既可建设新村，又可保住旧村。如白云乡政府建设安置房，不含地价的面积每平方米造价在 2300 元以上，而通过理事会实施的，每平方米造价可控制在 1500 元以内，两者实际差价达千元以上。结果既可建成寨中苑新村，又可保护竹头寨旧村。

4. 成立理事会的意义。

党的十九大制定了乡村振兴战略，报告提出："健全自治、法治、德治相结合的乡村治理体系。""发挥社会组织作用,实现政府治理和社会调节、居民自治良性互动。"发挥社会组织作用是实施乡村振兴的重要途径。永泰庄寨理事会就是能够助推乡村振兴的社会组织,其成立运行至少有以下六个方面的意义:

第一,凝聚了族人的力量,寻回了久违的乡愁,让沉寂多年、荒废严重的庄寨,重新焕发生机。

第二,搭建了政府与村民的沟通平台,让政府的意图和群众的需求更好地结合,减少了各种矛盾,加快了项目实施。

第三,在新村建设等方面,创新社会管理机制,既省时间又省成本,让政府省力又放心,村民出力又欢喜。

第四,促成政府完善奖补政策,出台设立"四道门槛"的政策,保证财政对私人房屋修缮投入的合法性,发挥了财政"四两拨千斤"的最大刺激作用("四四五"的相关内容参见本书P192-194)。

第五,帮助政府建立了"四个传统"的政策的出台,即传统建筑精华元素的运用,传统工艺现代建筑的传承,传统民居市场运作的流转,传统信俗年轻人群的重塑。

第六,理事会催生了基金会、合作社等其他社会组织,成为乡村建设的中坚力量,加快了乡村振兴的进程。

白云生处有大家

2018 年 5 月 26 日

"中国乡村复兴论坛·永泰庄寨峰会"第一天的会址在白云,我们还要策划许多同期活动,其中一项是为白云出一本画册;画册名大家不约而同地想到"白云生处有人家"。我只想取"白云生处"四字,也有人提出用"升",而我坚持用"生",理由是这个"生"

其实包含了"深"和"升",更重要的是它是生态的生,生活的生,生命的生,生意的生。

在组织申报第五批中国传统村落时,我才对白云乡白云村有所了解。以前白云给我的印象就是破坏非常严重。本想放弃,但白云村的乡亲非常热情,黄修涵、黄以注、黄修瑜等一再邀请我去看看。他们还筹集资金,成立了申报传统村落促进会,举办纪念黄展云诞生 140 周年暨申报传统村落座谈会。

我突然想起十分敬仰的杜晓帆教授,他在容就庄申报文物保护奖的座谈会上,欣然挥毫,写下"人是文化遗产最重要的因素"几个大字。是的,没有人的村庄只是遗址,原住民是一道最亮丽的风景线。有人认为乡村振兴,就是把村民移走,村庄腾空,让商人资本运作。我以为,乡村振兴不是资本下乡,而是村民留乡,乡贤回乡,青年下乡,市民找乡。赶跑一两个村的村民尚且可以,赶跑两百多个村的村民就十分荒唐。

申报文物保护和传统村落,我有三个原则:有一定文物价值,与项目建设没有矛盾,后人要有积极性。早已耳闻白云是地灵人杰的地方。永泰的历史其实就是张家和黄家的历史,宋朝时张家叱咤风云,近现代黄家独领风骚。目前,又挖出独树一帜的力家,也在白云。白云村没有重点项目建设,白云村后人积极性高涨,我再也没有理由不去看看。一去,就收获很大,遇见了活宝黄修朗老先生,他对白云的历史如数家珍,对挖掘白云文化呕心沥血。今年 1 月初,著名的温铁军教授与黄老先生一见如故,当场要求翌日召开"爱故乡"年会的秘书处,增加一个年度新闻人物。我爬到石龟仑拍了一张白云村的全景,发到微信。戴志坚大师留言:"可报中国传统村落。"至此,我决心已定。

近日,我多次到白云,对白云村的了解更进一步。原来,白云不仅有远近闻名的姬岩,还有与其并驾齐驱的狮子山;白云村不仅人才辈出，济济一堂，还有丰富的历史遗存，完整的历史街巷。白云村是名副其实的中国传统村落，还可以是中国传统村落的升级版——中国历史文化名村。看到激动时，我迫不及待地拨通杜晓帆教授的电话，不顾他正在与法国客人商谈，喋喋不休地讲述白云村的丰富与精彩，野蛮地向他发出前来考察的邀请。

村里几座传统民居出廊柱的柱础引起了人们争议。原来是围绕柱础的画框有的有精美的雕刻，有的却留下空白。有人说是师傅去世了，没有人敢接着干活。这自然说明师傅手艺精湛，无与伦比。但不可能几座石作师傅都那么凑巧地去世，无人敢接。我的考虑是师傅故意造成美中不足，让后人引发无边的遐想或弥补的欲望。

白云生处，大家云集。"白云生处有人家"这句诗不足以描绘白云，应该改为："白云生处有大家。"

共同发展，才有春天

2018 年 6 月 3 日

今年 12 月底，"中国乡村复兴论坛·永泰庄寨峰会"开幕式将在白云乡竹头寨举行；届时，"大咖"云集，宾朋满座，隆重热烈。我们通过开会，充分展示永泰的风采，搭建资源对接交易平台，激活竹头寨的振兴，带动周边区域的发展。目前，竹头寨的建设整治项目陆续上马，初步形成了"大会战"的格局；我们在加快进度、保证质量、维护安全的同时，还在考虑如何让峰会效益最大化。

说白云乡地灵人杰、文化灿烂，毫不为过。竹头寨只是其中一角。姬岩是永泰第一山，集俊美山水和丰厚古韵于一身，自然文化相得益彰，首屈一指。白云村是除嵩口镇区外的永泰第一村；月洲村人才辈出，却遗存甚少，聚落分散。白云村从古贯今，文脉延绵；

唐朝就有三峰寺，宋朝石槽、水井等比比皆是，明清英雄豪杰数不胜数，当今乡贤也显赫辉煌。乡镇建石塔，白云独一家。尤其是历史街巷格局完整，分布合理，功能齐全。它没有嵩口镇区的豪宅大院，文化的多样性却比嵩口毫不逊色。力钧文化一枝独秀，影响最为深远。

姬岩是最早开发旅游的地方，却经营得最为惨淡；白云村率先进行美丽乡村建设，却将文化符号大肆灭失；力钧一家对国家做出巨大贡献，却在百年之后才迎之回家。白云最需抢救、激活、传承的其实不是竹头寨，竹头寨只是引爆点，而姬岩的红火、白云村的苏醒、力钧文化的弘扬，才是我们要关注的、要奋斗的。

为了实现峰会的顺利召开、竹头寨的顺利建设，我们要杀出一条血路。力钧文化的弘扬也有了可喜的起步。姬岩本可带领白云发展，却还在昏昏欲睡，萎靡不振；黄家的资源在黄家自己手中浪费，不能不说是莫大的遗憾。当下，姬岩、竹头寨、白云村、力钧文化要互相鼓励，互相策应，携起手来，共同发展，白云乡才会迎来灿烂的春天。

《那庄，那寨》序

2018 年 6 月 15 月

戴云飞同志令我作序，我深知其难。但《那庄，那寨》写的是永泰庄寨，和我关系密切，我也只能勉为其难。

永泰庄寨被遗忘在深山已久，这几年来，才引起了人们更多的注意。县委县政府重视庄寨保护，众多庄寨列入文保单位，获得了"中国传统建筑文化旅游目的地"的荣誉。今年年底，"中国乡村复兴论坛·永泰庄寨峰会"将在竹头赛和月洲村隆重举行。永泰庄寨这一地标性建筑，其高超的建筑艺术，博大精深的文化符号，凝心聚力的精神象征，将以惊天姿态，进一步向世人展示。

《那庄，那寨》便是其中之一。有关庄寨的图书已经出版了《永泰庄寨》《山水古村，奇构庄寨》《家乡的庄寨》和《永泰庄寨维修导则》等四本，多具图片性、工具性、专业资料性，追求视觉效果。而老戴的《那庄，那寨》，荡气回肠，令人耳目一新，回味无穷。

老戴写庄寨，慧眼独具，思想深邃，笔翰如流。他博古通今，引经据典，信手拈来，娓娓叙述。讲述的是沧海桑田故事，普及的是深厚历史知识，表达的是鲜明独特观点。他通过写庄寨来写永泰历史，其内涵超越了庄寨本身，表达了不是永泰人、胜似永泰人的老戴对永泰历史和现实的睿智思考。

如竹头寨，描述"宛如漂浮在大海中的一座小岛"，"无疑是最美的田野了"；又述麟峰黄氏始祖受神明托梦"白云底下是君家"，"屡遭贼寇袭扰"。从时空上，引人入胜。成厚庄地处鹤冲，引出卢氏"百年九进士，三知一尚书"，引出卢公、卢梅坡。老禄庄一篇最为感人，鄢俊等一干族人，刀剑不辞，舍生取义，其气如虹，金石可贯，凛然之气，穿越时空。正如文中所说的："一座座庄寨，诉说着一段段往事，一个个家族的辛酸与苦难、兴衰与沉浮。"

写容就庄，案山、明堂、水口、奇峰、胎穴、护卫、藏风聚气等，分析得丝丝入扣，俨然一位堪舆大师。"风水学说流派，汗牛充栋，各家理论，并不统一，甚至互相掐架"，笔锋一转，鲜明指出，所谓的好风水，即适合人类生存的环境。既吊人胃口，又防止深陷其中，分寸掌握得恰到好处。对"萱"的解释，对"三朋"的解读，等等，都让人大开眼界，增长知识。

最可贵的是，老戴对历史和现实的点评和议论，总是一针见血地直指弊端，毫不客气地当头棒喝，发人深省。他痛心地指出："不经意间，历史的遗留在后人手中被怠慢、漠视，甚至践踏、毁灭。无疑，这也是一种罪过。"这体现了一个文化人的正直和勇气、良知和责任。

老戴作文严谨认真。他常笑我写文章像母鸡下蛋。而他自己写文章，先查阅一大堆材料，抄录一大沓笔记；再反复构思，认真琢磨；最后择一个酒足饭饱之后的时机，端坐桌前，一气呵成。所以，他的很多文章都有理有据，有情有节，读之，均印象深刻，产生共鸣。

当然，说他每篇文章都是上乘之作，也捧之过高。确实，许多庄寨大同小异，如果都写外观结构，难免篇篇雷同，落入俗套，难以卒读。老戴另辟蹊径，少写庄寨本身，多写庄寨背后的故事。这些故事喜怒哀乐各有不同，每篇都有新意，都有不同的切入点、不同的思想启迪。尽管如此，写到后面，我们却可以感受到老戴的吃力，有点强弩之末、功力不足了。

还有，解读庄寨，很重要的一点是要解读其中的建筑精华，譬如，各种构件的名称、功用，各种雕刻的内容、寓意，这些让人驻足流连的东西，老戴却鲜有提及。也难怪，老戴是文学家，不是古建专家。目前不是，以后看多了、听多了、写多了，也会成为古建专家。

硬着头皮，写下这些，心里忐忑，这也算序吧？

县域古民居保护与发展探索
——以永泰庄寨保护发展为例

2020 年 6 月 24 月

1. 保护古庄寨：就是保护民族文化遗产。

古村落是中华优秀传统文化的重要载体和乡愁记忆，是中华民族生生不息的历史见证，是中国特色社会主义文化的深厚根基。宝贵的文化遗产，承载着民族认同感和自豪感，蕴含着悠久历史文化的"根"与"魂"。习近平总书记高度重视历史文化保护，多次做出指示批示，强调"要像爱惜自己的生命一样保护好历史文化遗产"。

永泰县地处福州市西南部，总面积为 2241 平方公里，人口有 38.5 万人，是"中国天然氧吧"，是首批"国家全域旅游示范区"。永泰县现有中国历史文化名镇 1 个、中国历史文化名村 2 个、中国传统村落 33 个、省级传统村落 40 个、省级历史文化名村 4 个，其中国家级和省级传统村落数量均为全省之最。永泰大多数村镇都分布着历史底蕴浓厚、独具特色的防御性建筑——庄寨。这些庄寨历史悠久，始兴于唐朝，蓬勃于宋代，鼎盛于明清。尤其是晚清时期，庄寨几乎遍及全县各村镇。

数年前，永泰庄寨尚未为大众所熟知。近年来，在经过了永泰当地政府和民间力量的共同保护、发展和传播后，已引起了业界专家乃至社会大众的关注。如今，永泰庄寨声名鹊起，已成为永泰的文化地标，被誉为"闽中地域性建筑代表""南方民居防御建筑的奇葩""农耕社会家族聚落生存的记忆""传统乡绅文化弥足珍贵的载体""中国家文化栖息地"等。

2. 群策群力：共同保护与发展古庄寨。

永泰古村落与古庄寨相互依存，密不可分。大部分的古村落中都分布着庄寨，而庄寨是古村落中最为宝贵的文化遗产和资源。古村落的保护与发展必然包括对庄寨的保护与发展，对古庄寨的保护与发展也将进一步促进古村落的保护与发展。2015 年 9 月，永泰县成立了村保办，每年安排专项财政资金用于古村落、古庄寨保护与发展。历时四年，永泰县古村落、古庄寨的保护与发展工作取得较好成效。

3. 专家论证：确立遗产价值。

2016 年 3 月，由中国文物学会世界遗产研究委员会、中国国土经济学会国土与文化资源委员会、永泰县人民政府共同主办的"福建永泰庄寨文化遗产保护研讨会"在永泰县召开。国务院参事、中国社会科学院研究员徐嵩龄等26位国内文物、建筑、考古、世界遗产保护等领域的著名专家、学者，对永泰县的丹云乡和城寨、长庆镇中埔寨等10余座庄寨进行了实地考察，并针对庄寨文化遗产保护和传承问题进行了专门探讨，明确了永泰庄寨的遗产价值，提出了专家指导意见，为今后永泰庄寨的保护和发展工作指明了方向和路径。2017年，和城寨等18座庄寨从一般民居跃升为福建"省级文物保护单位"；2018年3月，永泰庄寨被中国民族建筑研究会授予"中国传统建筑文化旅游目的地"称号，成为福州市唯一获此殊荣的单位；2018年11月，同安镇爱荆庄荣获联合国教科文组织颁发的"亚太地区文化遗产保护优秀奖"；2019年10月，永泰庄寨群被列为第八批"全国重点文物保护单位"。

4. 举办峰会：倒逼乡村建设。

2018年12月28日至31日，"中国乡村复兴论坛·永泰庄寨峰会"在永泰县白云乡竹头寨和嵩口镇月洲村宁远庄成功举办，论坛涉及民宿集群、文创、乡村治理等几大板块，31位国内外知名专家作嘉宾演讲，来自全国16个省市以及美国、泰国等海外地区的500多名代表参会。永泰县借助峰会吸纳了国内外最新、最前沿的乡建经验，并充分对接国内外知名民宿企业，以及复旦大学、厦门大学等高端资源，吸引他们前来永泰县兴办精品民宿、设立教学实践点等。同时，永泰县结合庄寨文化，还先后举办了"庄寨历史文化遗产研讨会""中日韩三国建筑师交流会""中国·永泰世界温泉小镇及养生发展论坛"等多场高端会议，为"永泰庄寨"品牌打造助力。正是在这一系列活动中，明官寨、卧云庄和宁远庄等30多座庄寨得到抢救性保护修缮，这些庄寨所在乡村及沿线乡村面貌得到极大提升，并逐步开辟了梧桐—嵩口、同安—大洋等多条庄寨旅游线路。元旦、春节及"五一"小长假期间，永泰庄寨带动的乡村旅游十分火热。"庄寨文化＋乡村旅游"为全县古村落、古庄寨的保护发展提供了可复制的成功模式。

5. 调动民力：创新社会治理。

在永泰县委县政府的指导下，在永泰县村保办的牵头执行以及县民政局等相关部门和各乡镇政府的大力支持下，全县相继成立了36个庄寨理事会，累计收到社会捐资2000多万元，将全部用于古庄寨抢修、保护和开发。理事会制度的实行，使古庄寨保护实现了从传统的"要求村民怎么做"向"引导村民做什么"转变，很好地调动了民力、民智和民资参与。此举得到了福建省政府、国家文物局的高度认可。目前，还有许多庄寨理事会仍在陆续筹建中。

理事会成立后主要开展四项工作：

第一，抢修庄寨。理事会充当业主、施工单位、监理等多重角色，自主参与庄寨的修缮与保护。坚持留旧、留文、留魂，运用中医"针灸"疗法和"自然衣＋传统魂＋现代骨"的建设模式，对古庄寨进行节点改造，最大限度地恢复其原貌古韵。

第二，举办活动。在传统节日期间举办节庆民俗活动，并以此为契机，召集庄寨后人回归乡里，进一步强化联系沟通，以调动他们保护、发展庄寨的积极性。

第三，招商引资。通过政府代管和房屋租赁的方式，大力引进民宿经营者或旅游开发公司参与庄寨保护与发展。由浙江客商徐俊团队投资建成全国首家庄寨酒店——白云相爱庄寨酒店，现已正式营业。月洲村宁远庄也由闽商李光团队投资建成中华冷兵器博物馆。

北京博爱堂将中医文化和庄寨文化相结合，计划打造别具一格的康养基地，现已进入了实质性工作阶段。

第四，挖掘文化。厘清历史脉络，收集历史典故，讲好永泰故事，输出永泰精神。

6.创新机制：促进遗产活化。

三年多来，永泰县在古村落古庄寨保护与发展实践中，摸索总结出"四四五"的做法，推动了许多工作顺利开展。

第一，设立奖补"四道门槛"。政府对村民抢修庄寨奖补如何规范化？为进一步调动村民参与抢修与保护古庄寨的积极性，永泰县专门出台了《庄寨抢修资金的奖补办法》，设立了四道门槛：

一是奖补对象必须是古庄寨或文保单位、历史建筑。

二是奖补对象必须成立在民政局备案的理事会，由村保办出具介绍、民政局注册、接受政府年度审计。

三是必须在专家事先指导下先修后补，然后由村保办组织住建局、文旅局、乡村、理事会共同验收，测算投入资金总数。

四是政府奖补不超过总投入的 50%。

此系列举措让政府财政资金充分发挥了磁铁效应，吸引了更多民间资本参与。最终，在政府财政资金投入不到 2000 万元的情况下，30 多座庄寨不塌、不漏、不倒，得到了抢救性修缮。

第二，建立修缮"四不原则"。永泰县要求，由庄寨理事会兼当业主和监理主持庄寨修缮工作，须坚持"四个不要"原则。

一是不要设计。遵照庄寨原貌进行修缮，不再进行附加设计。

二是不要招标。自己的祖屋自己修。

三是不要外请。庄寨村民拥有各种工匠，在专家的指导下，工程自己施工，可以少报酬多劳作。

四是不要外买。抢修所需的材料，由村民捐献或低价出卖。通过这些做法，一块钱可以发挥五块钱的效用。

第三，做好传承"五个坚持"。

一是坚持保留传统建筑精华。永泰庄寨外观宏伟大气，内部结构古朴典雅、自成风格。博大精深的庄寨文化更是大放异彩。永泰县设立了历史文化名镇（村）管理中心，积极开展庄寨普查工作，编制《庄寨名录》《庄寨维修导则》《庄寨营造则例》等。在保护修缮过程中，注重保留传统建筑元素和精华，保持古村落、古庄寨的原貌古韵，并提炼传统建筑精华元素融入新建筑中，以凸显永泰庄寨特色。为进一步强化古村落、古庄寨的保护与发展，2018年2月，永泰县创建了全国首家县级乡村振兴研究院，在全国范围内遴选了北京清华同衡规划设计研究院、福州大学建筑学院等20家有情怀、有创意、有理念的设计单位或工作室，采取驻村、蹲点等方式深入调研，打通服务乡村建设的"最后一公里"，以力求规划建设更接"地气"，让使用的建材更具"土气"，令修缮提升后的古庄寨更有"名气"。

二是坚持传承和弘扬传统工艺。永泰庄寨蕴含了厚重的历史文化，彰显了独特的建筑风格和文化特色。这一切离不开永泰历代工匠对传统建筑工艺的探求和传承。近年来，永泰县提速建立了老工匠数据库，不定期举办工匠技能比武活动，并在省级重点职业中专、永泰城乡建设职业中专学校开设古建筑专业，鼓励老工匠带领新工匠一同参与古庄寨的保护修缮。这一系列举措，让老工艺传承有了依存的土壤。

三是坚持重塑乡村民俗文化。衡量乡村振兴成功与否的一个重要标准，就是看年轻人是否愿意回家创业就业，参与家乡建设。永泰县积极营造和创新创业的良好环境，号召永泰籍大学毕业生、在外工作的年轻人回乡创业；重塑乡村传统信俗文化，广泛发动乡贤带头编族谱、修宗祠，解决"我是谁、我从哪里来"的问题，不断开展赶圩节、三出宴、盘诗、伬唱、枋板龙、纸狮、游神等民俗活动，吸引了众多外地乡亲尤其是年轻人回乡参加，增强了他们对家乡的认同感和归属感。

四是坚持合法流转古民居。2018年中央一号文件对实施乡村振兴战略进行了全面部署，大篇幅提及土地流转及农村集体产权相关问题。在此背景下，经过多方调研后，永泰县在全市率先出台《农村民房使用权流转指导意见（试行）的通知》《民宿管理指导意见》等，对农村闲置房屋流转、民宿开发、乡村产业发展等起到了有力的示范指导作用。该两份文件得到了福建泉州乃至浙江等省内外地区的高度关注，许多"三农"专家都给予了很高评价。

五是坚持保护古庄寨的周边环境。在修缮过程中，不仅注重保护庄寨的建筑本体，同时注重保护庄寨周边与其生产生活息息相关的环境。对于庄寨周边的现有民房，适当采用"穿衣戴帽"的方式进行整治，以使其尽量与周边风貌环境协调统一。对于庄寨周边的田野环境，也采取相应的应对举措：对在耕土地，力求保持原貌，保持原有生产生活状态；对部分荒废土地则要进行复垦，恢复生产。比如，盘富村就复垦了荒废近二十年的稻田，恢复了生产生活，延续了耕地的生命。

7. 招智引资：助力保护与发展。

第一，引进高校智库智力。随着永泰庄寨知名度的逐步提升，一些高校和科研机构纷纷选中永泰古庄寨作为研究课题或教学实践点。2018年以来，先后有复旦大学、中央美术学院、厦门大学等多所高校和科研机构，在永泰古庄寨内设立8个实践基地、研究基地；哈佛大学费正清研究院主任宋怡明教授和厦门大学民间历史文献研究中心主任郑振满教授相继在大洋镇昇平庄设立了自己的工作室。

通过建立"校地合作"多边平台，将庄寨切实打造成集高校科研成果转化、学生教学实践以及永泰传统文化发掘与传承于一体的平台阵地，为永泰乡村振兴建设和旅游发展注入生机与活力。

第二，招商引资，打造特色村落。中国传统村落月洲村从多方面入手保护和合理利用现存民居建筑，令其在新时代绽放出更耀眼的光芒：一是推陈出新。在不破坏原有风貌的前提下，将月洲村宁远庄改造成中华冷兵器博物馆。游客们在此不仅可以品赏中华传统文化的魅力，还可俯瞰月洲村全景，享受旷达之美。二是"不遗葑菲"。将月洲村尘封已久的老水电站改造成一个乡村图书馆综合体，并为其取了一个诗意的名字"月溪花渡"。石桥横亘溪上，溪畔竹林密布、李花纷飞——"月溪花渡"凭借优雅的自然环境吸引了不少游客，并很快成为永泰乡村旅游的另一张金名片。三是"热锅炒菜"。将月洲村现有的村小学校园建筑加以利用，改造成"孩子们的院子"。孩子们可以在这里参与体验柴火烧灶、木工制作等乡土生活，感受劳动与创作的乐趣。通过实施一系列举措，月洲村的乡村旅游发展蒸蒸日上，目前已被评为福建省首批"金牌旅游村"。

除了月洲村，永泰县内其他传统村落的保护与振兴工作也在有条不紊地进行。比如，民革福建省委正联合台湾见学馆筹划将长庆中埔村等三个村打造为产业活化村；著名"三农"问题专家、中国人民大学农业与农村发展学院温铁军教授团队正在筹划将同安镇芹草村、盘洋村、赤岸村等村规划连片治理，并组建村投公司，联合发展。

8. 官民共建：打好古庄寨保护与发展持久战。

习近平总书记曾强调："每一种文明都延续着一个国家和民族的精神血脉，既要薪火相传，代代守护，更要与时俱进、勇于创新。"加强历史文化遗产保护，就要充分挖掘历史文化遗产的当代价值，让宝贵遗产世代传承、历久弥新。永泰庄寨的保护与发展正是一次接地气的实践和探索。目前，永泰古庄寨的保护与发展取得了阶段性成功，也收获了一些有关古民居保护发展的经验。

第一，要调动民智、民力、民资。一方面，农民是庄寨的主人，在保护和发展古庄寨中起着根本性作用。政府引导固然重要，但不能越俎代庖；企业推动也很有力，但不能鸠占鹊巢。只有让农民参与其中，让他们有了主人翁的归属感和责任感，才能激发内在动力，自主参与其中，以更好地推动古村落、古庄寨的保护发展。另一方面，古村落、古庄寨保护发展工作最需要的是懂农业、爱农村、爱农民的人才，尤其是熟悉乡村、热爱乡村文化的乡村干部和乡贤。因此，永泰严格遵循"先救命，后治病"的原则，以投入不多的基础资金为杠杆，充分调动蕴藏在乡间的民智、民力和民资，以起到"四两拨千斤"的作用。

第二，要用好"共建、共享、共发展"机制。村民是乡村的主体，是乡村建设和古庄寨保护发展的中坚力量。乡村基础设施建设和游客接待，都需要庄寨所有者的全力配合与支持。没有村民的参与，这一行动的主体就会缺失，古村落、古庄寨保护发展更是无从谈起。为引导大众全面参与，永泰县还广泛组建全员综合合作社，整合资源，对接市场，推动实施"十万榕民下樟溪"的战略，成功吸引了众多福州市民到永泰当起新农民。他们与当地农民一道，共同参与古村落、古庄寨的保护发展事业。实践表明，只有与当地居民共建、共享、共发展，乡村振兴才能行稳致远。另外，永泰县还计划引入生态股概念，建立起资源产权机制，对村庄自然资源与人文资源进行有效整合与科学开发，使"绿水青山"变成惠及全体村民的"金山银山"。

第三，要赋予古村落、古庄寨以灵魂和个性。在古村落古庄寨的保护发展过程中，要慎而又慎、优中选优地选定一名"操盘手"，并赋予他最大职权，让他凭借自己丰富的乡建经验、独到的见解和策略，放手去做。最重要的是，操盘手要有他自己独特的思想，并融入项目建设中，这样他的项目才有灵魂、有个性。比如，陈向宏之于浙江嘉兴乌镇，庄锦华之于台湾客家桐花祭，郭占武之于陕西咸阳袁家村，何允辉之于浙江义乌何斯路村，林正碌之于福建屏南龙潭村。这些操盘手都赋予了其项目以灵魂和个性，使之彰显特色、充满活力。

第四，要秉持"持久战"理念。 "罗马不是一天建成的。"优秀的乡建项目也不是一个月能打造出来的。比如，全国知名传统村落陕西咸阳袁家村是经过多年努力、多方参与建设才发展而成的；福建省首批金牌旅游村永泰县嵩口镇月洲村从 2013 年推行美丽乡村建设以来至今六年多，不断投入资金、引进人才、给予政策扶持，才培育形成现在的发展局面。永泰庄寨的保护与发展绝不能毕其功于一役，一定要久久为功，才能使之成为永泰乡村旅游的灵魂。

总之，永泰古村落、古庄寨保护与发展，没有村民的参与，是走不稳的；没有人才的推动，是走不快的；没有信仰的支撑，是走不远的。

4500 万元！永泰庄寨再立奇功

（与黄淑贞合写）2022 年 4 月 19 日

4 月 19 日，2022 年传统村落集中连片保护利用示范县（市、区）名单正式公布，永泰县名列其中。

该项目是由财政部、住房城乡建设部共同组织开展的，在全国范围选择 40 个传统村落集中的县，开展传统村落集中连片保护利用示范，示范期两年。示范期内，中央财政将对示范县予以定额奖补，我县可获得补助 4500 万元。此前，因中国历史文化名镇和中国传统村落，已经获得超过 1 亿元的直接财政补助；白云乡的白云村和盖洋乡的前湖村列为今年的省"改善提升"村项目，各获得补助资金 400 万元。昇平庄、荣寿庄"祖孙两庄寨"获取文保维修资金 900 万元。

福建省传统村落之最永泰县现有中国传统村落 33 个，另有中国历史文化名镇 1 个、中国历史文化名村 2 个。永泰县的国家级传统村落数量为全市全省最多，分别占全市的 70%、全省的 6.68%。

1. 以庄寨为核心的独特传统村落形态。

与其他地域市、县范围内传统村落类型多样的情况不同，永泰县传统村落的核心资源为庄寨。庄寨的建筑面积可达到数千平方米，高峰时期可以容纳三四百名族人居住，一个庄寨的规模基本相当于一个自然村。庄寨就是小尺度的社会。永泰的传统村落几乎村村有庄寨，聚落空间结构多呈现出"庄寨 + 适量其他民居"形式。庄寨不仅是永泰县最有代表性的传统建筑，也是永泰县传统村落的聚落中心。

永泰县境内的乡绅富户在当时的经济、社会、文化背景下，结合自身的生存和发展需求，发展出了防御与居住并举的永泰"庄寨"建筑，是宗族"家文化"为核心精神的凝聚力实体。家族文化不仅是庄寨建设的文化灵魂，也是永泰地区传统村落的精神核心。家族文化与宗族的凝聚力，在现今的传统村落保护利用中也发挥着重要的作用。

截至目前，永泰县的传统建筑中，永泰庄寨建筑群共有 5 处列入全国文物保护单位，18 处列入省级文物保护单位，35 处列入县级文物保护单位，46 处列入历史建筑保护单位。

从历史文化名镇的"嵩口保护模式"到大型民间防御性建筑"庄寨保护模式"，再升华到全域传统村落活态保护，永泰县逐渐闯出了自己的特色路径——发动群众，整合资源，最大限度调动民智民力，一步一个脚印落实好政策服务"最后一公里"，结合地域乡土特色，创立文化振兴引领的乡村振兴，立足将沉睡的传统村落文化遗产资源转化为提升基层群众文化服务品质的生力军。

整体保护利用"嵩口模式"。其最大的特点和亮点是尊重和珍惜历史文脉，把"记得住乡愁"始终摆在规划和建设的突出位置，引入台湾专业敬业、有文化品质、懂行会干的文创团队，同时充分发挥镇村原住民的主体作用，选择古镇保护开发的关键节点先行改造、精准发力，不断活化静态沉寂的文化遗产，使古镇呈现"自然衣、传统魂、现代骨"。

庄寨保护模式，最大的法宝就是"发动群众"，探索出面向永泰全县所有私有产权的非文保类庄寨建筑修缮保护的创新做法，一是出台《庄寨抢修资金的奖补办法》，通过"政府引导＋理事会"模式，设立奖补"四道门槛"，最大限度调动民智民力，发挥财政资金的杠杆作用。二是实行"四个不要"，对以村民自己募资为主的非文保类庄寨建筑，在修缮过程中最大限度保留原材料原工艺，提高修缮资金的效率功用。三是在推进保护的过程中注重"五个坚持"，确保修复后的庄寨能够在克制地活化利用中得到可持续性。

经过几年努力修缮，永泰40座主要庄寨做到了不塌、不漏、不倒；永泰庄寨获评"中国传统建筑文化旅游目的地"；爱荆庄荣获联合国教科文组织亚太地区文化遗产保护优秀奖，是2018年度唯一获此殊荣的中国项目。2020年，永泰庄寨保护入围"中国文物保护基金会"优秀县域案例评选，爱荆庄还单独以"社会参与"优秀案例入围评选。2020年4月20日、6月27日，2022年4月12日，《人民日报》以全版或半版篇幅，介绍永泰庄寨保护模式。

2020年起，由清华大学建筑学院吕舟教授带队的活态遗产工作室（CHCC）承接了永泰庄寨申报世界文化遗产预备名录文本编制的工作；目前，申报文本已提交省文物局。

2022 年 3 月，永泰庄寨被列入 WMF（世界建筑文物保护基金会）2022 世界建筑遗产观察名录。近期，世界建筑文物保护基金会秘书长将来县考察并确定向全世界募捐方案。永泰庄寨的居住功能已经不能和现代社会生活需求相匹配，只有延续文化传统、延续核心社区与遗产的关系，才能更有效地保护物质遗存。

2. 未来之路。

未来，以永泰庄寨作为永泰县传统村落的精神核心文化 IP 将统领整合县域范围内传统村落保护利用。从硬件上的物质空间，到软件上的学术价值认定，宣传、推广，相关活动等方向齐头并进，全面打造永泰庄寨的文化品牌。如把庄寨作为永泰的核心品牌来打造，加快永泰庄寨申遗步伐；持续推进与高校的深度合作，促成以《庄寨密码》为代表的 300 卷《永泰文书》系列研究成果顺利出版；筹建庄寨生态博物馆（生态是活化的意思），把永泰县建成以庄寨为核心的生机勃勃的博物馆，使之成为海外华人寻根问祖的故国家园；让庄寨遗产活化利用与传统村落连片保护紧密相连、优势互补，融入以优秀传统文化振兴引领的乡村振兴战略。

永泰庄寨如何活化？

2022 年 7 月 31 日

有人说："永泰庄寨，保护有力，活化不足。"对此声音先按下不表，且听张孝德老师观点："空心村"其实并不空，空的是我们的心。我们心里只有可置换增值的宅基地、可流转的土地、要拆的老房子，唯独没有我们的祖业、祖训、族谱、书院等，它们承载的是千百年的村庄历史记忆，承载的是我们从哪里来、到哪里去的答案，承载的是我们共同的乡愁记忆，承载的是我们共同的精神家园和信仰之源。

有的庄寨还住人，生活生产空间还在使用；有的庄寨人去楼不空，红白喜事、祭祖求神，络绎不绝，济济一堂；有的庄寨即使残缺不全，唯余正厅，但香火不断，供桌、太师壁、生死门等最神圣的东西一应俱全……可以说，绝大多数庄寨生生不息，都顽强地活着，谈何活化不足呢？

许多人认为活化就是要植入自己心目中喜欢的业态，如酒店、民宿、博物馆等；其实，这种活化准确的表述应是：增强活化功能，提高利用价值。这固然是一种貌似最好的活化，但在目前各行各业都很困难的情况下，这种活化的可能性非常小。体量巨大是庄寨一大特色，但也是投资改造的一大痛点，动辄需要几千万元，让投资者望寨兴叹。

挖深、整好庄寨的文化，讲好讲活庄寨的故事，何尝不是一种活化？我们要发现、重估、输出庄寨价值。挖掘整理永泰庄寨里的知识点、智慧点、哲学点，如古代的山林管理、古代的金融制度，这分明是生态文明的实践。要变输入为输出，把城市和农村的价值进行交换，向世界输出中国的智慧，传递中国生生不息的乡土文化。"永泰庄寨，老家的爱"，这个老家不仅仅是永泰人的老家，是所有爱老家的人的老家，永泰庄寨可以建成世界华人寻根问祖的故国家园。挖文化、讲故事，是一种事半功倍、一本万利的活化方式。

通过新技术造就的全媒体故事形式与内容完美契合，来推动讲好永泰庄寨的故事，也是一种活化。习近平总书记强调："我们要把握国际传播领域移动化、社交化、可视化的趋势，在构建对外传播话语体系上下功夫，在乐于接受和易于理解上下功夫。"要大胆地拥抱虚拟现实（VR）、增强现实（AR）等构建元宇宙空间的技术，让中外受众听得进、看了信、能共鸣；让更多受众感知到永泰庄寨的厚重感、人情味和烟火气；让永泰庄寨文化活起来、潮起来、火起来。

以上三种活化方式，可以各行其是，亦可统为一体。如何统为一体？那就是建设庄寨生态博物馆或永泰庄寨学院。

第三章

嵩口明月

大山里的闺秀

2009 年 3 月

福建省共有三个中国历史文化名镇——上杭古田镇、邵武和平镇和永泰嵩口镇。对这三者各具一格的文化神韵，有人如是说：古田镇是领袖簇拥的高贵妇人，和平镇是姿容端庄的小家碧玉，而嵩口镇则是悠然质朴的山里村姑。可是，当你走进嵩口，真切而深入地见识她后，你一定会认为，果真要以一种比喻的修辞来形容嵩口镇的话，那么，她毋宁是一位涵养于大山深处的风姿绰约的"大家闺秀"。

嵩口古镇位于戴云山东麓、福州市最高峰东湖尖脚下，大樟溪、长庆溪的汇流处，是一方山川秀美、风光旖旎的福地。早在元朝时，嵩口就形成了集镇，至清末民初达到鼎盛。经历千年风雨洗礼的嵩口古码头，成就了嵩口三府六县水陆交通中心，是闻名遐迩的人流、物流集散地。可以想见，昔日这里的景象当是：岸上，人声鼎沸各适其事，熙熙攘攘繁花似锦；河中，千帆竞发桨声灯影，上下往还物畅其流。这码头是嵩口古镇的中枢，承载着山里人的光荣与梦想。从这里发送出去的是大山里的殷实和厚朴，带回来的是山外世界的传奇和精彩。

而今，古码头虽然繁华不再，但站在这里，触目所及的任何一个物体仿佛都能牵引人的心思向既往的时光回溯，欲罢不能。树立于街边一隅的"奉宪永禁溺女"碑，据说全国只有两块。抚摸着这历时久远的官立诚碑，我们依然可以领略前人远见卓识的昭启。而矗立于渡口的"重整义渡碑"，则明确划定了渡船的收费标准，如"喜轿过渡只收花彩钱肆枚，棺柩过渡不准索取花彩钱分文"等，并对安全行渡作这样的要求："渡船无论新旧，如有损坏，须修理坚固，不准糊涂滥用。"而对于到此的"外商"还有具体的优惠，即"凡行旅过渡，无论外府县，概不准索取渡钱分文"。整篇碑文分明是一篇富有人性内涵的公共管理典章之范本！

不远处，一座气势恢宏的天后宫肃穆静伫，那位稳坐宫中的天后（妈祖娘娘），被灵巧而善良的工匠赋予一副慈眉善目的仪容，太息般的眼神所传递的当是对来来往往船只的默默祝福。所有这些景观物象，在冬天懒洋洋阳光的照映之下，晕染成一幅古意盎然的粉彩，透出一种悠闲而宁静的情调，恍惚之间，让人有置身于明清时世之感。

如果说山川秀美是嵩口别具一格的自然特色，那么人文荟萃、古韵盎然则是嵩口古镇独具于世的文化内涵，这座藏风聚气、地灵人杰的千年古镇先后孕育了五个历史文化人物：一是南宋著名爱国词人张元幹，他那两首豪迈悲壮的《贺新郎》伴随着毛泽东度过了孤寂的晚年；二是闽台最大的农业神、道教闾山派大师、法主教教主、传说中的印度瑜伽传播者、孙悟空的原型张圣君；三是被人们奉为祈雨之神的佛祖卢公；四是由明正德皇帝赐予铁印可直奏天听的嵩口司；五是十大古典名著《说岳全传》增订者金丰。在这些历史文化名人的身后，无不伴有一长串动人的故事和传说；而这些早已化为民族文化的一种精神，至今仍给我们以滋养。

与这些名传千古、享誉九州的历史文化名人相呼应的，是至今依然遍布于嵩口镇各个角落的160多座震人心魄的古民居、古庙宇、古祠堂、古寨堡。特别是那一座座规模宏大、工艺精湛、设施齐全的古民居，它们镶嵌在起伏的森林边、弯曲的溪岸旁和峻峭的山巅上，与树林、溪流、田野、峰峦一同构成一幅韵律优雅、色调协调、和谐熨帖的典雅而俊美画卷，展现了嵩口独特的底蕴和魅力。单是一座珑口厝，就占地近1万平方米，真如当地俗话所说的那样——"垄口大座厝，乌鸦飞不过"。站在其屋顶举目远眺，崇山峻岭，巍峨逶迤，气象万千，笔架山、东湖尖、鲤鱼上天……远山近水影影绰绰，如歌如画；而覆盖在那一大片古厝上的瓦片有如龙之鳞片，片片相叠，座座相连，清晰而又苍茫，立于高处俯瞰珑口厝及其周边的古民宅。如此的景致，恰似一个神秘的旧梦。

嵩口之所以能成为全国第四批、福建第三、福州唯一的中国历史文化名镇，主要是因为拥有众多的古民居，以及与这些古民居相关的木雕、石雕、砖雕。其中最具特色的是木雕。其木雕工艺独特而内涵丰富，有圆雕、浮雕、深浮雕，形式齐全。嵩口的古民居，真是无处不雕，无雕不美，华丽得像一座艺术宝库，令人叹为观止。下坂厝的正厅围屏是花梨木镂空镏金雕刻，为长乐艺人祖孙三代耗时二十四年雕成，集多种雕刻手法于一体。景物共有五个层次，无论从哪个角度观赏，都是一幅完美的画面。下坂厝还另有一件十二扇的活动围屏，这件围屏曾被偷过两次，但都被房主重金赎回并紧锁于地库之下长达三十八年之久，最近应申报国家历史文化名镇之需才重见天日。

虽然由于时间久远，外加火灾、盗窃及其他人为的毁坏，嵩口古民居的门楼、窗花不知已经损失了多少，但从现存的总量看还是相当可观的，是不可多得的宝贵遗产。身临嵩口的古民居，俯仰顾盼那三分精美七分雅致的立体画——木雕，你会真切地感到自己置身于艺术宫殿，不能不为之啧啧称奇。

别致的小桥，幽隐的石径，古老的房子，不息的溪流，以及青苔斑驳的溪岸和清新凉爽的山风，这一切构成了嵩口古镇古韵盎然的本色。这样的境界，借着拟人化的修辞，当是"大家闺秀"。因为她的气象典雅大方，似乎还蕴含着一缕温馨的幽情，在人的心灵深处唤起家园之感。

以古老的文化拯救落后的经济

2011年8月30日

近日，我参加了县委中心组的学习，听取了许多同志的发言。他们对市政府发展研究中心的《闽清、永泰等西部山区县发展研究》课题报告进行思考讨论，畅所欲言。

主办方没有安排我发言，但我对这个问题也有自己的一些看法，就在此坦率地写出来。不吐不快吧。

作为一个永泰人，我十分感谢林高星等同志关心闽清永泰山区县的发展，但对文中偏向闽清、冷落永泰的态度，感到遗憾，甚至有点愤愤不平。文中一些提法很新颖很独特，但有的也不切合实际。

林强书记讲得好，永泰必须有产业，要有新型的战略实体。要发展现代生态文明经济，在健康、创意、文化、生态和现代服务五个领域，掀起第五波创造财富的浪潮。发展农村经济，加快城市化进程，要走开放发展融入发展合作发展的路子。

2010年，永泰在全省58个县中居40位，在全市排末位，而且差距还在不断扩大。如果再走常规的发展路子，走别人的老路，就只能永远跟在别人后面，甚至只能踩着别人渐渐隐没的脚印，眼睁睁地被别人甩掉。

我认为，一个发展的推力千万不可忽略，那就是文化！

20 世纪初，中华民族陷入最苦难的深渊，还好祖先在冥冥之中保佑着我们，让一个医生发现了几千年前的文字——甲骨文，民族精神为之一振。70 年代，中国的经济又陷入了崩溃的边缘，祖先再次为我们提神鼓劲，让一个农民发现了震惊世界的兵马俑，中国的命运随之出现转机。坚实的文化基础支撑着脆弱的民族精神。我刚去看过兵马俑，了解到那里仅门票收入一天就是近千万元，这是一项多好的产业啊！

永泰拥有历史悠久的丰富的文化。张元幹是福州市四个省级历史名人之一，其他三个是林则徐、严复、冰心，三人都是近现代的，只有张元幹已经诞生近一千年了；张圣君是闽台最大的农业神，仅在台湾就拥有近 7000 万的信徒；三状元文化演绎了绝无仅有的科举辉煌；嵩口是福州唯一的中国历史文化名镇，全县保存着 20 多处宋代文化遗存……

永泰要走古老的文化拯救落后经济的发展路子，这是一条基础扎实的路子，创意独特的路子，也是见效卓著的路子。县委提出"致力绿色崛起，建设美好永泰"的发展构想，这是符合永泰实际的英明决策，而文化的崛起必定是绿色崛起的重要内容。

要建设嵩口古镇。把嵩口建成全县现代农业综合示范基地和闽中交通中心、西南商贸中心、人文休闲旅游中心，尤其是要让古老的历史、深厚的文化、精美的木刻、丰富的民俗风情填补永泰人文旅游的空白，与青云山的自然风光旅游比翼双飞，一起推动全县旅游腾飞。

要打造八闽第一文化村。嵩口月洲诞生了张元幹、张圣君两个大人物，演绎了父子六人六进士六同朝、祖孙三代十八条官带的空前绝后的神话，是名副其实首屈一指的八闽第一文化村。要挖掘、整理、建设、宣传，把月洲打造成张姓子孙寻根溯源的祖籍地，善男信女烧香许愿的神明地，莘莘学子拓展思路的灵感地。

要发扬张圣君文化。出画册、拍电影、建祖殿，大张旗鼓地宣传张圣君，把它作为产业来打造，以促进樟台合作，推动祖国统一大业。

要弘扬三状元文化、虎尊拳文化、农耕文化、温泉文化。

要把永泰建成体验生活、回味历史、放松心情、寻找灵感、追求寄托的海西文化休闲旅游首选地。

果真如是，则永泰振兴指日可待。

月洲四梦，梦纵古今

2011 年 10 月 11 日

上午，月洲张氏宗亲在月洲张氏祖祠举行了重修落成祭告宗祖仪式暨庆典大会，我在会上做了以"共圆月洲梦"为主题的演讲。

每一个炎黄子孙都想圆一个美丽的中国梦。我们月洲张氏宗亲也想圆一个美丽的月洲梦。

唐末一夜，居住在梧桐的张膺、张赓同做一个梦，梦见金甲神人告诉他们，桃花盛开的地方才是久居之地；他们就寻至月洲繁衍生息。月洲也就成为中国东南暨东南亚一带的张姓发祥地之一。这个梦是安身立命之梦。

张肩孟做了一个梦，梦中神人告知他一句诗："君看异日擎龙手，尽是寒光阁上人。"遂把自己读书处的名称改为"寒光阁"。月洲诞生了永泰第一位进士张沃、南宋著名词人张元幹和闽台最大农业神张圣君，演绎了一个状元一个尚书五十个进士、父子六进士六同朝、祖孙三代十八条官带这个绝无仅有的科举辉煌。这个梦是奋发进取之梦。

张元幹热爱家乡，情真意切。"短梦今宵还在否""故山唱如梦"等诗句表达了浓浓的思乡至情。李纲被罢相，张元幹赋《贺新郎》词赠李纲。胡铨被贬谪，张元幹又挺身而出，作《贺新郎》为胡送行；诗中"梦绕神州路"，是对破碎的家园念念不忘。这两首慷慨悲凉的词作，成为千古绝唱。这个梦是家国情仇之梦。

老祖宗做了三个梦，我们也要做一个梦，那就是乡村振兴之梦。月洲是中国传统村落、省金牌旅游村、省乡村振兴示范村，要协同溪口村，打造以文化引领乡村振兴的特色样板区。我们要同心协力，共圆此梦。

张厚林校长会后发微信：从千年来的二世祖桃溪寻居之梦、寒光阁蟾宫折桂之梦、元幹公神州光复之梦，到新时代美丽乡村振兴之梦，"梦"纵古今、主题鲜明、言简意赅、振聋发聩！

历经一纪，梦圆月洲

2018 年 12 月 26 日

2006 年，我到嵩口镇工作期间，写了一篇《月洲寻梦》，十二年后的今天，此梦已圆。

又一次来到月洲。已数不清是第几次了。

只要有空，我或驱车，风驰电掣、穿林过桥地来到这里；或徒步，翻山越岭、披荆斩棘地来到这里。

这里是我祖先弃官隐居、繁衍生息的地方，是人才辈出、灵气涌动的地方，是自然优美、古迹众多的地方——是我日思夜想、魂萦梦牵的地方！

我在天际间找寻，欣赏虎、狮、象把口，祥龙腾飞、丹凤朝阳、文峰笔立、马港奔流的地形胜貌；我在桃花溪边徜徉，看柔柔的溪水怎样把成村庄写成一个巨大的"月"字，看静静的古树怎样见证这里的琅琅书声、滚滚车轮、猎猎捷报、橼橼巨篇……

圣君坪是张圣君出生的地方。张圣君是道家闾山派创始人、法主教教主、闽台最大农业神、印度瑜伽传播者，而圣君坪则是孙悟空原型的出生地。没有香烟缭绕，没有钟磬交响，没有神像大殿，没有信众如云；只有杂草丛生，松柏矗立，鸟语花香，蓝天白云。

我只身一人静静立着，感觉到被铺天盖地的紫气笼罩着，心中灵气汹涌澎湃。抚摸着皮壳粗糙、刻满沧桑的松树，心道你可曾看到一个面黄肌瘦、衣服褴褛，但眼睛灵活、目光坚毅的孩子？他又怎么成为叱咤风云、斩妖除魔、显迹遍布、漂洋过海的神仙？参天古树围成一个半圆，形成屏障；中间寸草不生；正前方是一座尖峰。听风水先生说，圣君坪后山龙脉从尤溪开始，峰峰绵延，到此九十九峰，加上面前一峰，刚好一百峰。前峰、后峰和圣君坪成一条直线。"前峰后峰，官出三军。"张圣君没有子孙，如有，果真会纵横驰骋神州大地吗？

"蛰尤潭里蛰，潭上风波急；一旦飞上天，鱼虾不相及。"这可是永泰第一个进士张沃七岁时所吟诗句。其二十七世孙恭恭敬敬地把它刻在风景如画的溪边。虽然身处穷乡僻壤、只是黄发儿童，张沃却一鸣惊人，抒发了鸿鹄壮志。在他的带领下，月洲共走出了一位状元、一个尚书、五十个进士。我不禁疑惑，人们对骆宾王七岁之诗《咏鹅》倒背如流，广为传诵；为什么对意境高远、神情超逸的张沃七岁之诗那么生疏呢？

几步之遥，又有石刻。"月明浪细堪垂钓，泼泼波声有锦鳞。朝野太平多乐事，江湖潇散一闲人。"这是张沃堂侄孙张肩孟退官归隐垂钓诗作。张肩孟当然逍遥了，自己官至朝散郎，父子六人六进士六同朝、祖孙三代十八条官带，何等辉煌，何等风光！

这里记录了两种声音，两番神貌。一个是前辈，一个是后生；

一个是黄发，一个是垂髫；一个抒发雄心壮志，一个表达闲情逸致。这种呼应，这种辉映，这种交融，是多么对称，多么和谐，多么密切！是啊，"取"是一种本事，"舍"是一种哲学。少年要取其丰，舍其不能有；老年要取其精，舍其不必有。

我来到了张元斡故居。这是什么景象！墙腐椽烂，门斜窗掉；瓦片摇摇欲坠，题字模糊不清；几根茅草在飞檐上瑟瑟发抖——这可是宋朝著名爱国词人的故居啊！张元斡仅仅两首《贺新郎》，就激励了数代人的斗志，毛泽东、周恩来也不例外，浩荡的《芦川集》和《芦川归来集》是中华民族精神瑰宝。而芸芸后人却保护不好他的故居，任凭风吹雨淋，坍弛倒塌。看着，想着，我感到好生惭愧，心如刀割。

恍惚中，张元斡用充满哲思的眼睛注视着后人，脸色高贵而憔悴，目光迷惘而悠远。面对着外族入侵的心灵冲撞，面对后人冷漠的感情伤害，他沉郁、苍凉、豪迈、无奈。他是否还能够用娴熟、自如、醇烈、铿锵的言辞，抒发出极文极武、极壮极悲、极梦极醒的情怀？

抚摸着残垣断壁，领略着古藤缠绕的金鸡潭和威武庄严的宁远庄、五十堂，踏寻着湮没于杂草丛中的寒光阁、书童屋、碉堡遗址，我依稀听见历史深处的倾诉，明显感觉文化骨骼的沉重，隐约看到血雨腥风的惨烈。

月洲，抹着千年的泪滴，揣着废墟的叹息，背着远古的疑惑，飘着现今的梦想。

今晚，在月渚上、木屋里、书案前、油灯旁，与张圣君、张元斡彻夜长谈。

在张元幹雕像揭幕典礼上的讲话

2011 年 10 月 11 日

今年是著名的爱国词人张元幹 920 年诞辰，今天，中央召开十七届六中全会。张元幹是我们嵩口人，六中全会研究的是文化建设；我们在这里隆重举行张元幹塑像揭幕仪式，是对家乡先贤的纪念和景仰，是对中央全会的祝贺和献礼。

张元幹，今月洲人，坚定抗金保国，首开豪放派词风的先河，词语雄丽，声律豪迈，音带振拔，气概豪放，在中国文学史上特别是诗词发展史上奠定了里程碑地位。浩荡的《芦川集》和《芦川归来集》是中华民族的精神瑰宝。

张元幹是我省的历史名人，全省只有十几个历史名人，福州有 4 个，另外 3 个是林则徐、严复、冰心，都是近现代人物，只有张元幹已经出生了将近一千年。从这个层面上说，张元幹是福州第一人。

所以，我们雕塑张元幹的石像，是对历史、民族的尊重，是对嵩口的尊重。嵩口是全省第三、福州唯一的中国历史文化名镇，雕塑张元幹塑像，是建造人文景观，提升名镇品位的需要，也是丰富人文底蕴，繁荣文化生活的需要，更是完善基础设施，建设旅游产业的需要。

嵩口有五大历史名人，其他四个是闽台最大农业神张圣君、"铁印直行"嵩口司、佛祖卢公和中国十大古典小说增订者金丰，我们将在不同层面不同场合展现他们的风采。

张元幹塑像高 5.8 米，重 33 吨，是由砻石塑刻而成的。5.8 寓意永远发达，33 寓意生生不息，砻石寓意龙腾虎跃。塑像面朝东方，旭日东升，憧憬希望；面朝月洲，饮水思源，不忘养育之情。

"仰之弥高，钻之弥坚。"一代伟人张元幹，他的爱国思想跨越千年时空，穿透历史的尘雾，直至今天依然闪耀着熠熠光辉，他的浩然正气和气贯长虹的民族气节指引着后人奋然前行。我们将以张元幹塑像揭幕典礼为起点，为契机，拉开古镇大建设大发展的序幕，认真实施"一个基地两个园区三个中心"的战略。

近期就要实施以下几个项目：两个气势雄伟、古色古香的门楼，投资 500 万元的污水处理厂，投资 2000 万元的镇区防洪堤第一期工程，长庆溪流域嵩口段治理。

我们策划在明年正月初召开乡亲恳谈会，呼吁乡亲不忘自己是嵩口人，都有责任建设自己的家乡。恳请大家热爱家乡，回报家乡，然后享受家乡，歌唱家乡。

只有重振雄风，再铸辉煌，才无愧于祖先留给我们的宝贵财富，无愧于张元幹穿越时空的嘱托，无愧于各位领导、来宾、乡亲的厚爱。

文化的春天来了，嵩口的春天来了。我们要紧抓机遇，众志成城，团结一心，兢兢业业，真抓实干。以古老的文化拯救落后的经济，致力文化崛起，实施激情创业，建设美好嵩口。

最后，借用建设兄的贺词作为结束语："情寄黎民思报国，不忘诗翁遗语，看唤醒，家园沃土。伟业如何铭青史？整江山还待吾和汝，须奋起，唱金缕。"

在张元幹文化系列活动座谈会上的发言

2013 年 12 月 10 日

尊敬的各位领导、各位来宾，乡亲们、朋友们：

　　欢迎大家来到中国历史文化名镇嵩口，欢迎来到福州市唯一的"双料"文化村月洲。一料是"福建省生态文化村"，另一料是"福州市最美文化村"，同时拥有这双料文化村的，全市只有一个月洲村。月洲还被省农办列为精品示范村，省旅游局列为闽台乡村游示范基地，并且有望荣获农业部颁发的"美丽乡村"称号。

　　今年以来，我们从完善基础设施、丰富文化内涵、培育支柱产业三个方面开展美丽乡村建设。努力把月洲打造成"两轴四区五地"的格局。两轴：文化感知轴、生态景观轴；四区：科普休闲养生区、历史文化探秘区、闽台农业展示区、乡村生活体验区；五地：崇尚教育、学业有成、报效祖国的**教育灵地**。月洲诞生了南宋著名的爱国词人张元幹，走出了一个状元两个尚书五十个进士，演绎了父子六人六进士六同朝、祖孙三代十八条官带这个绝无仅有的科举辉煌，我们要把这个辉煌的科举发展为成功的教育元素。月洲是张圣君出生地，张圣君是闽台最大的农业神、福建省三大民间信仰人物之一；我们要把月洲建设成寄托美好愿望，促进祖国统一大业的**信俗圣地**。月洲是我省的张姓发祥地之一，据不完全统计，已经繁衍了三百多万。所以，要把月洲建设成海内外宗亲寻根问祖，回报家乡的**张姓祖地**。月洲李果是全县最集中的地方，要发展无污染、生态旅游特色产业的**产业盛地**。最后把前面的四个"地"集中建设成文化交流、旅游观光、购物休闲、生态山水、民俗风情、温泉休闲的**旅游胜地**。其中，由乡贤张守祥先生倡导组织的张元幹故居修复和寒光阁重建是两项重要建设内容。

张元幹故居又名"半月居"，坐北朝南，始建于宋朝，重建于明朝末年（1643），距今有三百七十年的历史。建筑面积350平方米，占地面积600平方米。旁边还有"书斋""圣人厅""水月亭""寒光阁""雪洞""紫竹假山"等遗址。雪洞也叫学童室，一人一个洞，有冬暖夏凉和互不干扰的功能，这在全国来讲都是有特色的。我们共投入60余万元修复张元幹故居，桃花溪畔的摩崖石刻也被一一修整，恢复了3个雪洞，于碧水青山间重现先贤耕读风貌。

寒光阁建于北宋，是元幹祖父辈研读诗书的地方。相传元幹祖父张肩孟在阁上读书，梦见神人告诉他："君看异日擎龙手，尽是寒光阁上人。"所以命名为"寒光阁"，寒光阁是月洲耕读精神、科举文化的一个重要体现，只留下遗址十分可惜。今年我们投入50多万元在原址上重建寒光阁，凸显宋朝建筑风格，是想让文化凝成固态，形成载体，来激励后人发奋苦读，建设家乡，报效祖国。

突出嵩口特色，彰显文化魅力

2014年9月2日

嵩口是福州市唯一的中国历史文化名镇，今年被列为全省十个重点名镇名村示范镇和闽台乡村游试验基地。全国共有181个中国历史文化名镇，169个中国历史文化名村。这些名镇名村，有的已经开发成形，闻名遐迩；有的正在开发，崭露头角；嵩口古镇也已拉开了大开发的序幕。

如何在众多的古镇古村中，让嵩口成为后起之秀呢？在广州挂职期间，我抽空考察了两广地区一些古镇古村，回到嵩口时，与中国台湾规划人员探讨，结合自己平时的学习，进行了认真思考。我认为，嵩口镇的开发不能简单地拷贝别人的东西，而要突出自己的特色，彰显自己的识别性和文化魅力。

1．在总体定位上突出特色。嵩口古镇的特点是历史悠久，位置突出，商贸发达，地灵人杰，文化灿烂，古民居多，但这些特点是许多古镇古村所共同具备的。如何做到"人无我有，人有我优，人优我特"呢？嵩口镇每逢初一、十五的赶圩历时千年，保持至今，影响广泛深远，这是嵩口的一大特色。嵩口镇是大樟溪最深入内地的一个港口，古时辐射三府六县，这也是一大特色。现在要把嵩口规划建成灯港，就把这个特色赋予了新的内容。所以，把嵩口古镇总体定位为"深山灯港，千年圩市"，是贴近实际的、可以拿得出去叫响全国的。在具体区域中，也要突出特色，如月洲村，演绎了"一个状元、两个尚书、五十个进士，父子六人六进士六子朝、祖孙三代十八条官带"，绝无仅有的科举辉煌，可以据此打造成科举之乡。

2．在景物建设上突出特色。眼下，嵩口镇古民居群中散落一些现代建筑，不要大拆大建，只要做些装饰；要尊重历史，让新老建筑共生共存，互为融合，让新建筑为老建筑服务，如可建为观景台、摄影点……这样，既可节约建设资金，又可保护每个历史阶段产生的建筑。挖掘和提炼嵩口地方文化元素，运用到建筑和城镇风貌中，多用当地的老建筑材料修旧如旧，注重细节的打造，如旧标语、旧广告、旧图像要加以保护和修复，形成自己的建筑和景观风格；保护粉墙黛瓦、木雕泥塑、彩绘壁画、马头墙燕尾脊等传统构件。要顺应自然，多依山就势，显山露水，多做田园风光，让田埂变绿道，让田园变公园。多点情调，少点单调；多点个性，少点共性；多点气质，少点气派。保持大山里的"村姑"的风貌，避免过分地人工化、同质化、园林化，增强古镇的情趣性、传统性和生态性。

3．在文化传承上突出特色。张圣君是闽台最大的农业神、福建省三大民间信仰人物之一，在张圣君出生地嵩口，把这个民俗文化无论做得多么浓烈，都不为过。如可举办海峡两岸法士祈祷世界和平大法会等。尽快修复直街、横街、米粉街、关帝庙街；恢复古码头、关帝庙、土地庙、教堂的原有风貌，重现酿坊、竹编、米粉店、理发店、裁缝店等特色商铺；增加手工业作坊和商业活动，恢复传统的商贸文化。嵩口的"三出头、转鸡头、十锦小吃、十二名菜"远近闻名，可作为旅游饮食套餐。文化要推陈出新。现在，嵩口是全省唯一的双料基地（省摄影家创造基地、省画家创造基地），要把它建成一个产业，触伸到永泰的青云山、德化的石牛山、仙游的九鲤湖、尤溪的龙门场银杏等地，塑造闽中最著名的文化基地。

4. 在开发模式上突出特色。成立古民居民间理事会，一厝一会，负责核心保护区环境综合整治，建立与政府常态化联系制度。理顺认定古民居产权关系，对于游道两侧的核心资源，采用三种形式处理：一是直接购买，二是租用代管，三是签订协议，规范管理。建立中国台湾规划团队试点工作室，组建传统工艺培训学校，进行农家乐、民宿等示范点改造，和手工艺品、土特产品等伴手礼研发。采取PPP（政府和社会资本合作模式）、项目融资、经营权转让等模式，积极推进基础设施社会化运营；加大招商力度，大力吸引社会资金、民间资本、股权投资资金，以多种形式参与古镇的民宿、酒店、农家乐、传统工艺等建设。

弘扬张圣君的信仰文化，推动永泰县的旅游发展

2018 年 2 月 12 日

温铁军说农业不仅要一二三产融合，更要四五六产融合，第六产就是历史传承、民间信仰。

张圣君是福建省民间三大信仰之一，闽台最大农业神，还有说

他是孙悟空的原型、印度瑜伽传播者。张圣君信仰已列入省级非遗，还要争取国家级非遗。张圣君的全球信徒有7000多万，遍布中国台湾、东南亚一带。"台独"思想比较严重的台南地区，也是张圣君信仰比较盛行的地区；所以，弘扬张圣君文化，对祖国的统一大业有好处。张圣君适合做典型的悬壶济世、保境安民的动漫人物——现在小孩子只懂得日美的动漫人物，如果把张圣君深植孩子心中，这不仅对祖国的统一大业有好处，也对国家安全有好处。

张圣君出生于永泰县月洲村，永泰人基本上都是沉迷于张圣君的神奇故事长大的，当今主祀、共祀、陪祀张圣君的寺庙有150座以上，这种力量整合起来，力大无比。

2024年，张圣君千年华诞，我们应该尽早筹划纪念活动。莆田有个湄洲岛，永泰不能有座圣君山吗？

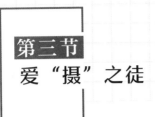

摄影让我的生活更美好

2014 年 11 月 15 日

我在 2008 年年底买了佳能 40D，从此就和摄影结下了不解之缘；之后，又添了 5D2、5D3。相机成了我最重要的生活伙伴，摄影成了我最精彩的生活内容。现在，总结起来，摄影至少给我带来了五大好处。

1. **锻炼了身体**。之前，在工作之余，就是打打牌喝喝酒，偶尔看点书，总是那么无聊单调，还把腰坐痛了，身体喝坏了。也去跑步什么的，但这是为了锻炼而锻炼，总是坚持不下来。结果，身体发胖，血压飙升。爱上摄影后，我都是千方百计地挤时间，到外面走走。风光摄影最佳的时间是在日出前或日落后半小时，所以就得起早贪黑；风光摄影讲究视野开阔，所以就得翻山越岭。摄影提倡与众不同的角度，所以别人走阳关大道，自己就要爬树下河；摄影时，要带足各种焦段的镜头，带上三脚架，所以就要肩负十几斤的设备。这样一来，我就在青山绿水中，在艺术熏陶中，充实了生活，锻炼了身体。

2. **陶冶了情操**。茶余饭后，总要消磨时光。打牌吧，如果没点刺激，那就索然无味；而有钱输赢，又跟赌博有何两样？喝酒，时间一久，就会上瘾，除了耗钱损体外，形象也难免不好；酒易乱性，稍不小心会犯错误。喝茶聊天，看来似乎不错，但是聊什么？

背后议人有违道德，永远跳不出庸俗的窠臼。不懂摄影的人，尽管到了名山大川风景名胜，也只是满足于"到此一游"。只有爱上摄影，才能专心致志地寄情山水，才能把自己融入大自然之中，天人合一是人生的最高境界。摄影，会让自己觉得美无处不在无时不在，美就在身边，就在心中；更会发现美、欣赏美、拥有美、呵护美。眼界充满了美，心中荡漾着美，自己身心不也就美起来了吗？就是喝酒，也是喝庆功喜酒；就是聊天，也是美的交流、爱的传递、艺术的交流。

3. **结交了好友**。为了摄影这个共同的兴趣爱好，许多未曾见面的人走在了一起，一起体验艰辛，一起享受快乐，成了休戚与共的朋友。为了拍好人像，要与拍摄对象交流，让他们破涕为笑、转悲为喜，给拍摄对象观看画面，分享共同劳动的成果，一来二去，也成了朋友。在网上，上传照片浏览照片；在虚拟世界中，结交了远在千里之外的"好摄之徒"，结交了让我膜拜的摄影大师；在参加摄影活动中，一手拿着获奖证书，一手和大师们紧紧握手，那种快乐得意的感觉，真的无法用言语形容。几年下来，朋友数量多了，质量高了，范围广了，交流密切了。

4. **推进了工作**。这几年来，我连续主编了三本画册，比较系统全面地介绍、宣传了嵩口古镇。今年 8 月，嵩口获评福建省第一最美古镇古村，就是凭借自己提交的十五张照片，折服了评委们，脱颖而出。月洲村是福州市唯一的双料文化村（福建省生态文化村、福州市最美文化村），近期，月洲村有望获评福建省最美村落，赤水村有望获评福州市最美文化村，我提交的照片立下了很大功劳。嵩口镇建立了官方微博，用图片连续不断地宣传嵩口古镇；还建立了微信公众号，每周至少发布三条微信推送，图文并茂，以图为主，一周下来，浏览量都达到几万。每年，我都参加摄影赛和报刊投稿，获奖和发表的数量达到 50 张以上。最近，我们向社会征集嵩口的老照片，计划拍摄嵩口90岁以上老人的笑脸，将在嵩口显眼的位置做两个照片墙。相信这些都会极大地提高嵩口的知名度的。

5. **提高了艺术水平。**我不仅懂得了相机操作的基本原理，还学会了主题的体现、意境的营造、故事的演绎；尽量让每一张照片不仅仅是现实的记录，更是美感爱意的释放；尽量让每一张照片都成为自己生之养之的婴儿，成为自己和他人爱不释手的作品。艺术是相通的。以前，我对书画是一窍不通，现在也会画上几笔、说上几句。目前，自己所在的乡镇正在如火如荼地进行古镇建设，我就用自己的艺术涵养指导一些细节的打造，使之更有韵味，更有特色。

摄影对我的影响是全方位、多层次的，我不仅会不离不弃，而且会爱之弥深，迷之更切。

书写爱乡情怀的日子

2016年6月3日

2015年5月10日，我正式到县政协上班后不久，策划了"四公四百"的文史工作思路，其中一百就是百年老照片。

时隔一年，张圣君、张元幹、卢公、菜篮公和百岁老人这"四公一百"的书籍已经出版发行，《百座庄寨》即将出版；"百个奇观"改称"走遍永泰"，由老戴撰写。而百年老照片呢，当时宣传发动的声势可谓不小，参与活动的部门可谓不少，但收效甚微。相关部门至今没有提供一张老照片，许多乡镇至今还是一片空白。乡镇征集最多的是嵩口，可以说一个嵩口镇征集到的老照片，比其他所有乡镇征集的总和还多。老照片基本上是在活动开始前两三个月内征集的，此后，几乎没有任何进展。我深感这项工作如果没有真抓实干的行动，没有广大群众的参与，没有持之以恒的坚持，就难以收到理想的成效。

征集老照片确实是件快乐的事。往事如歌，往事如烟。生活长河中总有闪闪发光的瞬间，老照片把这些弥足珍贵的记忆碎片化作永恒。百年来，永泰发生了翻天覆地的变化，在发展过程中，有它沉重又多姿的历史。往日的照片真实地记录着这块土地上的风物、人事。所以，在征集老照片过程中，我从中窥视了永泰历史的一鳞半爪，激起了内心深处最深沉的回忆与共鸣，从中发掘了珍贵的历史研究资料，从而增强了对永泰的感情和对历史的意识。感谢家人和亲戚们近似疯狂的四面出击。感谢蒋滨建先生、吴拱成先生，他们分别提供了1870年到新中国成立前134张由海外寄回的珍贵老照片，和新中国成立后永泰变化的老照片，两个部分相互对比相互融合，极具视觉的冲击力。感谢许多老干部老朋友搜肠刮肚、翻箱倒柜。感谢摄影人旧片新拍。感谢陈肖波先生——陈永照老先生九十大寿时，嵩口镇政府送给他一幅"嵩口活字典"贺匾；陈老现虽仙逝，但留下了大量宝贵的资料，包括许多老照片，也由其孙陈肖波先生贡献了出来。感谢所有提供老照片信息，讲解老照片背后故事的朋友们。我深感征集老照片是充实生活的过程，是翻阅历史的过程，是结交朋友的过程，真的受益匪浅。

不仅仅是征集老照片。感谢美籍华人李统铨和李喧老师的收集和翻译材料。在征集过程中，两李在耶鲁大学神学院图书馆里，发现了在我县办学的伊芳庭、陈嘉理两位美国传教士在办学期间大量的来往信件，这是研究那段历史的重要资料。我认为，仓促出版这本老照片集，只是一个噱头，旨在召唤大家重视家乡历史，激发乡愁记忆，抒写爱乡情怀，共同参与，全面挖掘，一起完成一部更充实更完美的老照片集。

参考文献

1. 罗德胤．在路上——中国乡村复兴论坛年度纪实（一）[M]．北京：中国建材工业出版社，2018.

2. 国家文物局《文物建筑开放利用案例指南》课题组．文物建筑保护利用案例解读 [M]．北京：中国建材工业出版社，2019.

3.（明）袁了凡，净空法师．了凡四训讲记 [M]．北京：北方文艺出版社，2013.

4. 霍晓卫，杨勇．福州市历史建筑保护利用案例指南 [M]．上海：同济大学出版社，2019.

5. 李昌平．村社内置金融与内生发展动力 [M]．北京：中国建材工业出版社，2020.

6. 冯骥才．漩涡里：1990—2013 我的文化遗产保护史 [M]．北京：人民文学出版社，2018.

7. 夏雨清．世间所有的无眠，都是因为睡错了风景 [M]．杭州：浙江大学出版社，2018.

8. 孙华．乡村遗产的核心价值研究：以贵州楼上村为例 [M]．成都：巴蜀书社，2018.

9. 胡鹏飞．把农村建得更像农村：高椅村 [M]．南京：江苏凤凰科学技术出版社，2019.

10. 杨国永，温铁军．福建乡村振兴报告（2020—2022）[M]．北京：社会科学文献出版社，2022.

吴和德

惜字文化节

北山寨

白杜村口

帮义自然村

窗口

大喜仙湖

村中小路

碓白粿

导酒

丰收的喜悦

葛岭镇龙村瀑布

风景入画

凤濂茶场

古道晨韵

观音阁

烘烤茶籽

古宅天光

红霞辉映名山室

乐山村

埔埕千年平安井

考古发现

李花开满山寨村

名山室摩崖石刻

蒲溪村

山村清晨

清新骑行

埔垾石巷

三际头水库

森林人家

万石村梅花

夜幕下的北山寨

山寨村

塘前湾

盛装情侣峰

天门山漂流

天井

巫洋桃花盛开

寨前开犁

油杉林